国家出版基金项目
NATIONAL PUBLICATION FOUNDATION

中国电影人口述历史
The Oral History About Chinese Cinema

丛书主编　陈墨　张锦　边静

沧桑剪影

本卷主编　陈墨

黄素影访谈录

采访人 | 陈墨　受访人 | 黄素影

CFP 中国电影出版社

图书在版编目（CIP）数据

沧桑剪影. 黄素影访谈录 / 陈墨主编. -- 北京：中国电影出版社，2023.2
（中国电影人口述历史）
ISBN 978-7-106-05453-3

Ⅰ. ①沧… Ⅱ. ①陈… Ⅲ. ①黄素影—访问记 Ⅳ. ①K825.78

中国版本图书馆CIP数据核字（2023）第006757号

责任编辑：程　楠
封面设计：杨平平
责任校对：林　娜
责任印刷：赵匡京

出版发行　中国电影出版社（北京北三环东路22号）　邮编：100013
电话：64296664（总编室）　64216278（发行部）
64296742（读者服务部）Email：cfpygb@126.com
经　　销　新华书店
印　　刷　中国电影出版社印刷厂
版　　次　2023年2月第1版　2023年2月北京第1次印刷
开　　本　710mm × 1000mm　1/16
印　　张　8.75
字　　数　140千字
定　　价　49.00元

《中国电影人口述历史》

编纂指导组成员

边 静　陈 墨　皇甫宜川　黎 煜

李 镇　吴 迪（启之）　张 锦　周 夏

特别鸣谢

傅红星　阎晓明　饶曙光　陆弘石　张建勇

序

■ 陈　墨

一

“中国电影人口述历史”，是由中国电影资料馆暨中国电影艺术研究中心和电影频道合作的，以采访和记录老一代中国电影人生平经历并作档案收藏为目的的大型采访工程。该项目于2007年正式启动，2008年全面展开，至2010年为采访工程的第一阶段；2011年起为采访工程的第二阶段。做口述历史，我们是后来者，其便利条件是可以站在前人的肩膀上，充分汲取先驱者的经验和教训；可以利用后发优势，使我们的工作做得比较顺利、有效，且有一点特色。

我们的项目名称是“中国电影人口述历史”，而不是“电影口述史”。作为电影资料馆人，我们做口述历史采访的目标，是要作为档案收集，让受访人做生平讲述，包括其电影从业经历、社会人生经历、个人生活与心灵成长经历三个向度，建立电影专业史、中国社会史、个人心灵史三者合一信息档案。

“中国电影人口述历史”采集电影人记忆档案，固然是留赠后人，也应尽可能服务于当下。为此，我们和中国电影出版社合作，申请到国家出版基金资助，将陆续出版“中国电影人口述历史”30卷。我们采取了四种分卷形式，即单人卷、单位卷（多人）、专业卷（多人）、专题卷（多人），目的是在深度与广度、丰富性与多样性之间获得平衡。

二

口述历史采访及其录音抄本的编纂，依据不同的目标，自有不同的重点、方法与形式。“中国电影人口述历史”的编纂，在篇幅允许的前提下，希望我们能够做到，录音编纂抄本展现五个方面的内容：一是受访人电影从业史及与电影相关内容。二是政治运动经历及社会环境变迁的情况，由此展现电影人在怎样的环境中工作，以便理解他们为何及如何工作。三是个人生活史，是社会史的资料。四是个人心灵史或个性成长史，看社会环境如何塑造个人及个人如何与社会环境和社会关系互动。五是在确保对话信息清晰可感的前提下，不仅展现受访人“说什么”，也尽可能保留其“怎么说”，尽量保持口述历史采访的现场感及对话者的个性言语特征。在实际编选过程中，会因为采访方式、资料丰歉、编选方法、篇幅容量的不同而产生不同的变体形式。

这套书有须共同遵守的编辑体例。具体如，1. 每个访谈都必须有一些常规项目，例如采访人、受访人、摄像师姓名，采访时间、采访地点等。2. 保留采访人和受访人对话问答形式。3. 编纂抄本必须以原始抄本为依据，如有修订必须用括号标示。4. 编者可以做必要删减，但须保持对话语意的完整性。5. 尽可能保持受访人说话的言语特点。6. 编者应针对访谈录中须加解释说明的地方做出注释。7. 每个访谈录后面都必须有《采访人手记》，提供必要的工作说明。8. 每册书后，须有分册主编的《编后记》，说明其编选方法及理由。

除上述必须遵守的基本体例之外，在编选理念、编辑方法、技术技巧等方面，我们鼓励分册主编按照自己的思考和认知进行探索和创新。

三

这套书采取分册主编负责制度。分册主编人选，大多是“中国电影人口述历史”工作团队成员，包括张锦研究员、李镇研究员、黎煜博士、边静博士、周夏研究员、黄德泉研究员、蒙丽静博士、李相先生、王霞女士、彭琨女士、苗禾女士、赵正阳博士和我本人。我们还聘请了张震钦研究员、刘桂清编审等资深专家，孙劲松副研究馆员及《当代电影》檀秋文编审等担任分册主编。

“中国电影人口述历史”的采访和出版，首先应该感谢授权我们出版其访谈录的所有前辈电影人！

我们曾得到过程季华、罗艺军、李少白、马德波、孟犁野、戴光晰等学界前辈，北京电影学院郑洞天教授、陈山教授、钟大丰教授，复旦大学周斌教授，中国传媒大学胡克教授，中国艺术研究院影视所所长丁亚平研究员，北京大学李道新教授，上海交通大学李亦中教授，西南大学虞吉教授，电影史家翟建农先生，山西社科院丁东研究员，中国青年政治学院邢小群教授等人的帮助和指导，在此向诸位专家表示衷心感谢！

“中国电影人口述历史”计划得以顺利实施，要感谢电影频道慷慨资助；要感谢阎晓明先生、陆弘石先生！

感谢中国电影资料馆前任馆长傅红星、前副馆长饶曙光、前代理馆长张建勇及现任馆长孙向辉！感谢倡议者和领导者皇甫宜川研究员！感谢最先探索者启之研究员！感谢李迅研究员、李一鸣研究员、单万里研究员！感谢中国电影资料馆办公室、离退休干部处、财务处等所有支持和帮助过口述历史工作的同事们！

感谢所有担任过“中国电影人口述历史”摄像、录音工作的在读或已毕业的、本中心及外校研究生同学们！

最后，要感谢中国电影出版社！感谢所有为之付出的人！

目录

黄素影访谈录

采访人	陈　墨
摄　像	王家祥
录　音	王家祥
采访时间	2009年4月21日至6月9日
采访时长	21小时
采访地点	北京·黄素影老师家

【受访人简介】

黄素影

（1919—2017），电影表演艺术家，女，浙江宁波人，生于苏州。1937 年参加上海戏剧界救亡演剧队，其后在中国艺术剧社、中华剧艺社等团体中，出演过话剧《北京人》《雷雨》《日出》《孔雀胆》等。抗战期间加入中国共产党，并在四川合川从事过党的地下工作，后因敌人破坏，与党组织失去联系。

1949 年 11 月进入北京电影制片厂。参与演出的电影有:《吕梁英雄传》《妈妈要我出嫁》《马兰花开》《风暴》《英雄岛》《五彩路》《耕云播雨》《暴风骤雨》《洪湖赤卫队》《小兵张嘎》《早春二月》《烈火中永生》《四个小伙伴》《翔》《夕照街》《拓荒者的足迹》《清水湾，淡水湾》《红楼梦》《OK！大肚罗汉》《五台山奇情》《索命逍遥楼》《乡亲们》《三女休夫》《红尘》《天伦》《卧虎藏龙》《世界上最疼我的那个人去了》《回家》《誓言》《血脉》《爱情呼叫转移》《旋律》《第一书记》《胖胖的夏天》《满园春色》《杨善洲》《飞越老人院》等。出演电视剧《布尔什维克兄弟》《康熙微服私访记之八宝粥》《小兵张嘎》《龙堂》《天下粮仓》《康熙微服私访记之铃铛记》《外国小孩中国爸》《鹿鼎记》《媳妇的美好年代》《大风歌》等。

因出演《天伦》获得第 3 届中国长春电影节最佳女配角奖和中国表演学会金凤凰奖学会奖；因主演《世界上最疼我的那个人去了》获得第 6 届中国长春电影节最佳女配角奖、第 9 届中国电影华表奖最佳女演员奖、第 3 届华语电影传媒大奖最佳女主角奖。2009 年获得第 13 届北京放映颁发的终生成就奖。2011 年领衔主演聚焦老年人的电影《满园春色》，2012 年参演《飞越老人院》。

自我简介：家庭与启蒙

陈墨（以下简称“陈”）：黄老师，谢谢您接受采访！咱们就像聊天一样就行。先请您做一个简要的自我介绍。

黄素影（以下简称“黄”）：我叫黄素影，我的祖籍是浙江宁波，我生的地方是苏州。爷爷是一个虔诚的佛教徒,他是船上的领港员。我父亲，他好像是在东吴大学上过一些日子，大概没有毕业，后来他就找了一个公司上班去了，美孚公司。所以我从小到大好像生活上都没有什么太大困难，我上学也没有说学费交不起，辍学了什么的，没有这种事情。我听我妈妈说，我的奶奶很厉害的，宁波的婆婆很厉害，这是有名的。我的外公是巡捕房的，当了一个小头头，她就受了一些影响吧。我妈妈那时候时兴“改足派”，脚有一点点变形，但还是比较完整的。

我父母是在上海结婚的。我是1月24号在苏州生的，1919年1月24号，阳历。后来我父亲美孚行调动，山东需要人，就把他给调到山东烟台。在烟台就生了我的弟弟，我的大弟弟；后来又调到济南，在济南又生了我的小弟弟。我母亲生了我和两个弟弟，三个人。我是在济南上的小学，现在就记得它叫第五小学，好像这个学校还在。我大弟弟是西南联大的，正好是1945年毕业，毕业就留校了，他是清华的（西南联大由“国立北京大学”“国立清华大学”“私立南开大学”组成）。小弟弟也是清华的，两个都是清华的。

我是中学毕业。还被学校开除过一次。“一二·九”学生运动的时候，我被选举为学生代表作为联系人，因为这个联系人，所以后来我就被开除了。我父亲就劝我，说是不要紧的，他没有责怪我什么。我大概也说过抗日不是犯罪，他要说我救国是犯罪的话，那我就要给他干到底。我爸爸说不要这样子了，你就上天津圣功女中吧，那也是私立中学。他没让我上那国立的，让我上这个教会学校去了。后来我就不去，我就是要问到底，到学校找这个，找那个，一个一个找，为什么开除我？你们拿理由出来。如果说我爱国有罪的话，你们敢说这个，我敢跟你们打官司打到底。我就跟他们争。后来学校里说，那我给你介绍到圣功去吧。我不要，我就在这儿了，我在哪儿栽下来的，我就在哪儿站起来，你们把我摁下去也不行，我就站在这儿不走了。最后学校里没有办法，还是收回成命。但是要我有两个保证人，他这是成心了，要把你弄得别扭点，让你听着别扭。我说那好，我拿吧。我拿回来了，最后他也没辙。我在学校里就是特调皮，也敢于打抱不平，反正在学校里还是比较活跃。学校里有些啦啦队什么都参加，我是啦啦队队长。

崔嵬那时候在青岛的一个什么报纸，《青岛时报》还是什么报当记者。他给我们排过一个戏，是为了救灾的，我就演那个《苏州夜话》，还卖票，募捐、义演。那是我上初中的时候。

陈：采访之前您提到老舍曾到您学校去演讲，是在这个阶段吗？

黄：是在中学阶段。反正听了挺高兴的，都哈哈大笑，他特风趣（笑）。冯玉祥也在我们那儿讲过演，他都是带表演，这么大的块头，还挺灵活的感觉。

陈：您提到过上学不太喜欢公民课，为什么？

黄：就是三民主义，讲得乱七八糟，还要背，有什么意思嘛，没意思。语文吧，它可以使你从文学上来提高自己。数学吧，将来要学什么东西的话，都是基础，是吧？外语也是应该注意的，物理、化学都是有用的。音乐还听着高兴，美术还可以乱画画，手工做点东西自己还可以玩玩。就是三民主义，讲的这些没意思。我们都不喜欢。都不重视这个东西，这个大概不符合年轻人的思想观念。

中学时代：演剧、看电影和读书

陈：您在中学阶段演戏的一些经历，您现在还记得吗？就是从什么时候开始，演戏真的就是上台演吗？在班里演，还是在学校里演？

黄：在台上演就是初二的时候。初二是1932年，就演戏了，就是因为那个老师特别爱演戏剧。他都排田汉的戏，《苏州夜话》，还有一个是《归来》[①]，就是他排。

陈：那时候演戏是说普通话吗？

黄：各说各的，我那个普通话有山东味，那时候有，到现在我有时候尾音还有山东音。其他的同学也是，就是普通话，山东官话。

陈：那个时候演戏，您怯场吗？

黄：那倒没有，从来没怯过场。那个时候也不知道为什么，知道观察生活，老师能大概提醒，比方说"你那个走路太年轻了啊，你去看看你妈妈；哎哟，这个年龄演你妈妈也不行，再岁数大一点的，马路上多的是"。

陈：等会儿，您从中学开始就演老人啊？

黄：就演老的。我也演过别的，也演过年轻的，就像《苏州夜话》嘛。《苏州夜话》我就先演一个男学生，是画家，画院的男学生，西服革履的。下来以后我赶快卸妆，化装，变成卖花女，后来父女相认的那个女孩，这样子。演两个人。那是年轻的。其他的还演过一个年轻的，那个戏的名字我都不知道了，是一个外国戏翻译的，内容也忘了，那是为

① 这里提到的《归来》，大概是田汉的《南归》。

学校，我们毕业班到快要毕业的时候，演戏募捐，给学校置一点东西，这样子，那我们就义演，还是在青岛的那个大礼堂里头，就在现在的栈桥边上，这边有一个大礼堂，就在那个礼堂里头。

陈：您刚才提到观察生活，后来怎么着了？

黄：我得学老太太了，我就跑到马路上去看那些老太太走路，我妈妈是改足派，到底不像那个人物，还得看老太太的走路，弯着腰怎么样的，就去观察。从前还有一张剧照，现在没有了，已经丢了。

陈：那时候演剧是有专门的学生社团吗？

黄：没有。就是根据需要，我们学校迎新会，暑假过了以后，新生都来了，到圣诞节的时候，过一个迎新节，就是欢迎新同学。所以我是上初二才开始（参加）活动，初一人家迎我们的。这个原来也有个照片，后来没有了。同学都化装了，化装迎新会。

陈：到高中，演剧活动继续？

黄：高中我跟你说，我父亲又从济南调到天津去了。我就得跟到天津去了，所以我就在天津的圣功女中上学，圣功女中现在还没有我的学历——有注册过，但是现在找不到我的名字。我不知道为什么，大概时间太短，就不管了吧。

有可能把注册的表还给人家，带回青岛了。就是那个半年高一的半年，父亲又调到新乡县去了，我想我一个人在天津干吗呀？我回青岛吧，青岛舒服，熟，老师也熟。我就写信给我一个好朋友，我说我想回去了，我家都搬走了，我不想在天津，我说你赶快跟校长说说，我回去。她就说赶快来吧，回来吧，希望你回来呢，就这样。没有什么，反正我是自由惯了。

陈：对您性格有好的影响，应该是见的世面多？

黄：对，对，那倒是。人家有的人就在山东，就是从学校到他农村住的这个地方，顶多到一下济南，别的地方没去过，我去的地方很多的。上火车、下火车，这个是家常便饭。我们家搬家搬得太多了。

陈：下一个是您看电影的经历，记得第一次看电影吗？

黄：看电影，我不记得我到底是看的什么电影，现在都记不得了。反正我是老看电影，每个礼拜天都得去，礼拜天放假了，我就看电影。而且那个时候，电影是循环的。只要你不出来，你就可以老在那儿看，我就可以看很长、很长的时间。我记不住哪些电影了。反正我看了，中国电影是我喜欢看的，是金山的那个什么“追兵来了我奈何……”（唱歌）

陈：哦，《夜半歌声》？

黄：《夜半歌声》。还有就是黎莉莉他们那几个戏，王人美的《渔光曲》这些，比较进步的。其他的也看，都看，外国电影也看，中国电影也看，外国电影比中国电影好看点，人家那个生活一点。

陈：当时就感觉中国电影有点拿腔拿调？

黄：对，对。我看的第一部电影大概就是《孤儿救祖记》，内容都记不住了。还有那个谁的，张织云的，什么片子我记不住，最早的几个，张织云、王汉伦，她们的片子我都看过。

陈：接着说看电影的经历，当时电影票的价格是多少？

黄：价格才两毛多钱。好像是，真记不住。五毛？不是。

陈：觉得电影票是一个负担吗？

黄：没觉得负担。我小的时候特别爱买点什么，其实我一点不化妆，但我就爱买化妆品，我积累到那儿，到回家的时候，带着回家，给我妈去了。有时候我就买点雪茄，我爸爸抽雪茄烟，我就买回去，我妈我爸就高兴。闺女真好，其实花他的钱，不是花我的钱。

陈：除了王汉伦、张织云，还有哪些您喜欢的影星？

黄：阮玲玉，阮玲玉是我最喜欢的。胡蝶我也挺喜欢的，但是胡蝶的戏没有阮玲玉深。阮玲玉让人觉得特别舒服，她的戏还尽是哭的，我也跟着她哭。胡蝶那个也有时候是悲戏，但是我总觉得她没有阮玲玉的戏演得好，阮玲玉演得是漂亮，真漂亮，一点儿缺点都没有。那时候王人美去了——我也喜欢王人美的戏。

陈：王人美去了哪儿？

黄：青岛，他们那些人都去了青岛，胡蝶也去了，山东电影院就是胡蝶剪的彩。剪彩那天我没去，我干吗挤着去？我看电影，我看那人干吗？没意思。

陈：那个时候，上海电影制片公司经常去青岛拍戏。

黄：我没看过他们拍戏。因为他们拍戏的时候，正是我们上课的时候，礼拜六、礼拜天我还得看电影，我没去那儿。王人美去了，我记得她是住在山东电影院的斜对过那边，中山路路西有一个旅馆，不知道什么旅馆，名字记不住了。是这么一个方向，我从这边走的时候，那有一个吃冰淇淋的地方，上那边走的时候，粉丝们都在那儿看，说这是王人美吧，那个嚷嚷劲。我连上那儿看一眼都不看。

陈：印象深的外国影片和影星有哪些？

黄：有一个歌剧叫《风流寡妇》[①]，那个电影是麦克唐纳的，我喜欢，但是内容我都记不住了。卓别林的，还有劳莱、哈台、玛丽·毕克馥，还有谁，记不住了，反正好多好多的。看一场电影，可以看好几遍。那个是什么时候看的？就是《居里夫人》——《居里夫人》好像是四几年，我看《居里夫人》是在重庆，那个时候我可以从第一个镜头说到最后一个镜头，熟到这样的程度。特别是它的那个长镜头，居里先生死了以后，它那个长镜头，哎呀，那个揪心，觉得特别、特别的好，演得特别、特别的好，这时我自己也干演员。

陈：中学看电影，想到过以后会做电影演员吗？

黄：没有，我从来没有想过，那时候我一心要当医生。为什么？我觉得穷人要是有病的话，他没有钱看病了，我说应该开个医院给他们免费看病，我看人收费，有钱人多要点钱，我把多出来的钱就补贴给穷人看病的人。一直是这样，我就觉得要做一个能够帮人家做点什么事的人。做这个也行，做教师也行。但是教师我不喜欢，学生太调皮，后来我当了小学教员以后，我曾经跟学生说，你们不要在我跟前耍皮，因为我比你们皮得多！（笑）

陈：您家里人对您生活前景有设计吗？

黄：没有，他们没有，非常开明。有一段时间他们还这样问过我：你高中毕业以后，是想上大学，还是想结婚？——就是当家庭妇女。我说我要上学。

---

①《风流寡妇》，根据法国梅雅克戏剧《大使馆随员》改编，美国华纳公司出品，1934年上映，恩斯特·刘别谦导演，珍妮特·麦克唐纳主演。

陈：您在中学阶段阅读的书籍有哪些？

黄：哎呀，书现在是很难说，什么书都看，我现在真是记不住了。有时大伙没事，就看本书。到现在我也不清楚，我到底看过什么东西。《水浒传》我看过，人家说《三国演义》不能看，我也好像看过。因为我们的学校图书馆可以借这个书。反正就是乱看，没有固定的，就是说各种经典的都看。

陈：进步书籍呢？《大众哲学》或者是其他那些刊物？

黄：也看。《大众哲学》那时候没有，学生时代没有。反正鲁迅的东西看过，老舍的东西看过。剧本就是曹禺的东西也看过，田汉的东西也看过。《红楼梦》那时候，人家不让看，我就偷偷地看。我妈妈也没管我，不管我看什么东西。我就自己住一个屋里，把书搁在那儿，她有时候看到也不说。

陈：其他的业余活动有什么？

黄：业余活动？看电影，平常在学校里头就打球，排球、篮球全都玩，就是玩得不好。还练过标枪，练过跳远、跳高，都练过。

陈：当时要考医学院，表明您在数理化那些方面也挺好的？

黄：挺好的，我的数理化。我这个人很怪的，我上课特别注意听讲，我的笔记做得最好。后来"文化大革命"当中，谁讲话什么的，我在下面一个字都不落下的，写得特别快。平常调皮，功课也不复习，就靠自己记笔记，听的时间用功。到了考试的时候我就看笔记，他们就背，我就没有背。

陈：下一个问题是1931年的"九一八"，您有印象吗？

黄：我都是从报纸上知道的。"九一八"，我们宣传抵制日货。

陈：您那时候还是小学生吧？

黄：小学也宣传抵制日货，这是自学的，不由自主地就得去宣传，你们这儿的日本货不要买。那个时候在青岛，日本人有自己的学校，他们的学生就欺负中国学生，你知道吗？所以一传十，十传百，别人告诉我了，我没看见过，但是我知道了。另外我们那儿是个海军港，日本海军都上岸来作孽，坐人家的车不给钱，喝醉了酒还打人，看着女的就追，这些事都有，我就恨他们。美国兵也疯，他喝醉酒也是胡来的。我倒不恨美国兵，他没侵略我们。他只是上我们这儿来住住，这是国家的事，咱管不着。但是欺负人，你就心里别扭了，对不对？日本孩子看到中国学生就打，这个气人。而且我父亲还特爱国，他去买了日本货，是上外国商店买的，确实挺好看，一翻过来，是“日本制造”，他就扔了，他也不去换，他全摔了。他是洋行里的人，他从来没有穿过西装，就穿中装。

陈：西安事变您有印象吗？ 1936 年底。

黄：西安事变？也是从报纸上看到的，当时有各种说法吧。当时我当然觉得应该抗日，那蒋介石，抓他就应该啊，就是这种。肯定要抗战，完全是站在这一边的，凡是抗日的事我都是站在前面的。就觉得这个日本人太坏了。为什么要抗战？就希望要有民主，要有自由，要保卫自己的国家。

陈：您当时对共产党、对延安有概念吗？

黄：都不知道。但是我知道山东是有地下党，山东师范经常抓人，有人就跑到青岛去了，避难去了。他们也出来，也宣传。另外像义勇军这些，就觉得义勇军好，那歌里头不是有吗？义勇军真是挺好的，他能够抗日，他就是有血性，有民族志气。

抗战爆发：参加救亡演剧二队

陈：1937 年 7 月 7 日卢沟桥事变，您刚刚高中毕业？

黄：高中毕业，刚刚毕业，高中毕业以后我大概就是从那边直接回家，我好像到过北京——我想想看，我真是记不太清楚了。我从青岛直接就奔南京了，上南京考试去了，我是报的医学院，报的齐鲁大学和中央大学医学院。

陈：您觉得当年的高考难吗？

黄：没觉得什么困难不困难。我觉得我考得还可以，谁知道到底是（不是）通知书没到？反正我就没得到消息。到 11 月份，我就进了上海救亡演剧第二队。11 月份我就看到报上，《中央日报》上登着要招演员，我就偷偷地写了封信，把我演过的戏，什么田汉（的戏），这个、那个的都写上了，就说我只有去的路费，没有回来的路费。那就是说你们要我就得要，结果他们来封信说，要是不合适的话，我们会给你回程的路费。在许昌认识一个宁波人，他们家是一个货栈，我们宁波人跟宁波人有联系吧，我就告诉他，我说我用你的地址写的信，信回来会交到你那儿。我怕我妈妈不让我去，我就写到那儿了。我隔几天就上他那儿去一趟。他那天收到以后，他就叫他的伙计送来，我去找他，两人岔开了，他把信交给我妈了。我说坏了，我妈要知道了，这下子糟糕了。（笑）回去我一进门，我妈说你要上那个（救亡演剧）队里去啊？我说是啊。（妈妈说）现在兵荒马乱的，你要是个男孩子，我准你去；你是个女孩子，你去了不方便，坏人很多的，这兵荒马乱的，万一他是骗子呢？把你骗了去怎么办呢？你一个女孩子家，你不要去。将来你要是有这种工作，是正正式式的，我让你去。这个不行。我就非去不可。我说我们那教育局长说的，一个学生一年就要花国家2000块钱，我中学6年，是12000块钱花在我身上了。我说现在国家有难了，匹夫有责，我说我这是受了国家的恩惠，上过中学，我不做点事情我对得起谁啊？我说我现在这么大岁数了，我能看出谁好谁坏。我爸爸的把兄弟在汉口，我说我到了那儿以后，我到闫伯伯家住着，或者找陈叔叔家也行，我去看，要不对，我就回来。我说我有这个责任，我不能待在家里头，我待在家里头我会憋死，你知道不知道？我就说这个。怎么劝也不行。我就给我爸爸写信，捧我爸爸，我说你是抗日的，我就是受了你的影响，所以我就希望为抗日做点事情，这是我应该做的。（笑）

后来我就绝食了。你不让我去是吗？我就死了吧！反正活着也没有意思。你不让我去，让我做我不愿意做的事情，我愿意做的事情你不让我做，我就去死！没意思。绝食，就是绝食！后来就把我爸叫来。我爸爸又劝我。也是那句话：你妈担心是很正常的，这个兵荒马乱的时候，什么人都有，你去是很危险的事情，所以就不希望你去。要不然再去打听打听，让你什么伯伯去看看这个团体怎么样。我说我就是要去，我自己会看，我自己会审查。我说我是选定了，我是要走，你要是不让我走，我就死，我就这两条路，你让我选择哪个都可以，随便你们。他没辙了，最后我爸爸答应我去了。这个去，就不是那么简单了，还给我点钱，戒指什么的带点，万一需要的话，可以换钱。这样子，我就去了，从许昌到了汉口。

去了之后，知道了金山、田方，主要是知道了洪深是队长。我就给我爸爸说了，我说："洪深先生是我们队长，你还不相信洪深先生吗？"我父亲知道青岛大学有一个教授叫洪深，也不知道他怎么知道的，反正他当时知道。那么他就当然相信了，就没什么可说的了，我就待下来了。待下来就是演戏。那时候好像还喜欢唱歌，我们不完全都是演戏，第一个节目是革命歌曲，就是我们队的人全上，我是指挥，我也不知道为什么他们让我指挥，我就指挥了，冼星海教我，反正教的就是这个节奏规律，我就按照那个规律指挥。后来我们到乡下去了，冼星海就在城里，所以他得教，我们在队里头。我们有20多个人，就到了第五战区，那个时候到了随县，湖北的这一溜儿。一直到汉江那个地方，完了到武汉，转了这么个圈。第一站是老河口，后来就到里头去了，不知道什么站。到这一站以后，金山到香港去拍一个什么戏，后来他回来了，回来之后就把咱们这个队一下子弄到武汉，说是要拍一个什么电影，反正是抗战的，所以把我们就分成两队了，城里头拍电影的一队，我们农村的一队。农村的一队，基本上是后来的那些人，没有他们老队员，全是新队员。洪深的儿子、洪深的老婆、我，还有一个叫什么风，名字忘了，演《放下你的鞭子》女儿的那个。我们去，第一个节目就是大合唱。完了以后，还到各个地方去教唱歌，这是我参加的工作。有几个戏，我也记不住了，反正有《放下你的鞭子》，还有一个是《九一八以后》[①]，是哑剧，金山演那个日本人，大姐是洪深的夫人，叫常青真，常青真是老大，我是老二，反正都被抓了，最后又起来反抗，人民起来反抗，这样子。叫《九一八以后》，这么一个戏。还演了一个《张家店》什么的，讲一个女的让日本人杀死了。还有一个叫《女游击队员》，我演女游击队员。还有一个戏，讲一个伪乡长，为日本人做事，日本人强迫他做，他只能做。最后他的儿媳妇就让日本人给杀了，而且他儿媳妇怀了孕，儿子也被杀死了，老头也没了，老太太一个人就发疯了，说我们好好的一家人，就让他给杀死了。我演那个老太太。有一次慰问五战区的部队——就是李宗仁的部队[②]，去演出，演出完了，我激动得晕倒在台上了，他们把我抬着走，回我们的地方。就这样子。别的现在什么也记不住了，反正就是做这些事情。

---

① 此处记忆有误，应该是《九一八以来》。
② 李宗仁抗战时是第五战区司令长官。

演剧队里的精英们

陈：生活方面呢？您从一个小姐，变成一个战士，生活习惯吗？

黄：我很习惯，不知道为什么。我就觉得挺舒服的。苦是苦点。轰炸我经历过，我没有什么过多的紧张。我们一唱歌，它就来飞机，我们就跑到台底下，一下子一震，灰呼呼地都掉下来。有的时候觉得挺好玩的。真的炸弹，“咚”，一个比一个近，一个比一个近，就觉得，这个该是我的吧？还不到；这个该是我们的吧？还不到。（笑）就想这个。没有觉得“哎哟，不得了！不得了！”没有的，好像没有怎么紧张，好像还在想别的事情。现场没有那种紧张的感觉，好像死就死呗，是不是？该死就死，你能怎么办啊？他轰炸，咱也躲不过它，咱也没飞机，咱也没高射炮，就听着呗。我好像也没哆嗦，就是头上来灰了，就这个，真是这样的。

陈：小分队行动是走路还是坐车？

黄：原来是在乡下吧，到了这个镇上了，给他们要一个车，这个车也跟着一个人，帮着我们。我们就把东西都搁到那儿，他就拖着走，我们有时候也去拉。就是个大车，两个轱辘的，人拉的板车。前边有人拉着，这旁边再加两个绳子，自己拉。

陈：住的地方呢？

黄：那时候男女同志怎么睡的，忘了。反正都在那么一个地方，有的时候就老乡家里头，那就是（男同志）你在几家，（女同志）你在几家，就这样子分开。

陈：卫生条件呢？

黄：好长时间也不洗个澡。没法洗。没东西洗。人家都很穷的，有些农民就哭，都不知道自己是中国人，日本人打过来，什么都不知道。他知道他自己的村，他知道这个，其他什么都不知道。有的人穷到什么情况？一家人就一条裤子，谁出去谁穿，没裤子的就在家待着，盖着被，很苦、很苦。

洪深先生那时候已经有40多岁了，抗日的那个热情，真可以说是澎湃，对我们影响很大。他带着我们队。后来田汉和洪深经常要通信，洪深就让我们做他的秘书，我，还有一个叫徐萱的人。徐萱是清华大学的学生，后来离队以后，就到了西南联大——大概是这样一个情况。洪深让我们两个人做他的秘书，他说，我们就写。他就说我们写信太长了，客套话太多了，要比较直，简单地，明了地，把要说的话说出来。他的记性非常好，他一边说，我们就记下来，完了事以后，他还说刚才那句话的这个字要去掉，很仔细，特别严肃认真那样。后来让他到政治部去了，是政治部三厅，郭沫若是厅长，他就是戏剧科的科长。我们队不是分成两队了吗，我们在乡下那一队，他就先把我们带到那个地方，把上面的关系都打通了，完了我们就在那儿演出，他们看了第一场戏以后，把那些关系都弄好了，他就走了。我们演出完了，他就又回来，就带我们到第二个点去。大概他也是因为知名度高，当地的人对他都是很尊重的，所以他去办事情比较方便。

洪深特别积极，胆子也很大，他曾经有一次在上海什么会上喊救国，特务围着他，他都不怕，就在台上喊。反正对我们影响很大。因为他是队长，他也不能导戏，他第一个尊重别人的劳动，剧本，特别是经典的剧本，不能改一个字，特别严肃。在台上要笑一笑，他就训，我们很怕他的，但是也特别亲近他，就这样子。（笑）

另外一个人就是田方。田方很少说话，人很和善，有什么苦活，都是他干，爬上爬下都是他，挂台幕，都是他的事。他也不说话，他就自己干这个。你要看不出他来，好像是工人似的。但是他那时候，已经是一个电影明星了。

还有一个就是金山。金山后来我接触多点。前面的时候，感觉他也是很随和的，能够和群众打成一片，也是能宣传抗日的，很热情的一个人。但是有的时候，人家要约他出去拍戏、拍电影，所以他在队里的时间比较少。这些人虽然都是大明星，但是没有一点儿架子。我因为没有现在粉丝的那种激情，所以跟他们就是很普通的，就是把他们当成一个老大哥，这样子的。

还有一个队员是王莹，也是一个大电影明星。而且是在明星中比较有文学底子的人，后来又写了自己的自传[①]。相比起来她就有点娇气，到了农村以后，她就经常病，胃不好，睡眠不好，平常除了演戏以外，她也干活。有时候要到一个地方代课，她也跟着一块去。我们就在家里头[②]，有时候幕布坏了，我们就自己缝补，管服装。我们什么都干。谁能干什么，就干什么；哪儿需要了，我们就去哪儿，是这样的。那个时候是很辛苦，但当时并没有觉得辛苦，因为那个热情鼓舞着我，什么都干。老想多做点事情，为抗战多做点事情，这样子的。

还有一个人是冯白鲁。我估计金山、王莹和冯白鲁，大概都是地下党。有些事情大家讨论，还是有点民主味道的。这是这几个人。

另外一个是肖子英，是个山东人。这个人非常直爽，有点山东人的豪气，反正他是在电影界混，没混出个什么味来。

还有一个是贺路，贺路现在好像还在，现在在上影，没听说他去世了。

还有个金子坚，是管财务的，打前站的。他跟我们时间不长，但是非常热情，就像一个老管家，特别的那个。后来他到了广州，就一直在广州了。广州解放以后，我上广州，跟他还见过，还很好，很亲热，还是觉得是老大哥的味道，见了我特高兴，见面很亲很亲。当时这种关系，不知道为什么，总是觉得是战斗的友谊，老战友的那个感觉。这是现在记住的几个人。

陈：你上次还提到过冼星海。

黄：对了，冼星海。那个时候他的耳朵并不怎么好，但是他搞音乐特别执着，他的歌出来以后就让我们唱，他唱不了，他唱总跑调。（笑）他很不爱说话，就是不会交际。他最有意思的笑话就是，他谈恋爱了，

① 指的是王莹的自传体小说《宝姑》，写于1946—1948年。

② 家里头，指的是演剧队的临时住处。

他跟人家这么说的："我妈妈要我结婚！"（笑）……就是不会这个。当然他也没谈成过。好像在我们队里的时候，曾经有一个女的，叫什么名字我现在都忘了，反正给她一个外号，名字都记不住了，胖乎乎的，人也不是特别高。冼星海那个人还是比较高的，有一米八。他怎么出国，怎么蹭上船去，在船上劳动，也不知道到法国还是到哪儿，就是学音乐去了。[①] 他自己没有资金，他妈妈也没有，没有人资助他，他就是靠自己，到船上去做劳工，就这样到了国外。他抗战的歌曲，我觉得也有好多是特别能激动人心的，确实是一听了以后，就觉得要打倒日本鬼子，是这种情绪。

我们那时候兴纪念册——我那个东西（按：指纪念册）都丢掉了——他画了一个五线谱，好像是"打回老家去"那个词，就是他那个曲子里头的一段。他给我留下的纪念，但是现在都没有了，这很抱歉，不知道它怎么丢的。我有三个集子呢，结果都没有了。有时候我们到一个地方去演出，碰到演剧队的人了，哎呀，都签名留念，都记下来。各个时期都有，现在全部都没了。现在见面了一说，是哪个队的，你给我签过名，就能想起来，这个人是有。不管他是哪个队的，是上海演剧队，还是抗敌演剧队，见了面都很亲的。因为那个时代有共同语言嘛，一回忆，一说起，那个时候怎么、怎么的。那时真是一点都没有什么当官、什么挣钱的想法。

我们那时候是一个月三块钱，算是给我们点零花钱，买牙刷牙膏什么的。这个钱到底怎么来的，我不知道，大概也是募捐还是怎么的，反正洪深想办法，都是他拿的。后来我们不是要下乡了嘛，他就给我们做衣服，做什么呢？工装裤子，让你穿裤子。穿旗袍的话，也要穿裤子，他说农村老百姓看不惯，一定要跟他们打成一片。

---

① 冼星海1929年赴法国巴黎勤工俭学，师从著名提琴家帕尼·奥别多菲尔和作曲家保罗·杜卡斯，1935年回国。

离开演剧队，加入共产党

陈：1938 年底，您随演剧队到了桂林？

黄：嗯，到桂林了。到桂林以后他们就要出国了。后来我就想，这个抗战，本来以为很短的时间（就能结束），现在一看，要很长了。我还是要回去考大学。于是我就离开那儿了。离开那儿，又一件事情让我受到教育了，就是我在桂林的时候，二队他们跟办事处有联系——八路军办事处——我记得是李克农，他在那儿。我就在他们那儿等车出发，住了几天。在住的这几天里头，你绝不相信他是一个什么首长，他跟勤务兵就老要开玩笑。我是大概 1 月去，刚发了津贴，他就跟那小鬼说："你把钱借给我一点吧，给我花花吧，你一个人花不了。"把那孩子急的，"不，不，不行，不行！"（笑）在国民党时候，就说当兵的和长官，那是不一样的，是不是？那完全是命令来、命令去的，是不是？弄不好还挨打的。这个好，开玩笑，民主、平等，这种东西是很明显的。

后来我就上了车。车里头有个人他是从东北联军那儿跑到苏联，从苏联又跑到延安的，这是一个老的游击队员。还有一个小红军，红小鬼，四川人，红军路过的时候他就跟着走了——因为没饭吃，他就跟着走了。两个人，加上我，加上司机，四个人。好像是个卡车。我们三个人坐在那儿聊天，当时他们就问我，什么时候入的党？"我没入。""别闹了，自己人，怕什么？又不是在敌占区，你这个怕暴露，没关系的。"我确实是没有。这个对我刺激很大。他觉得我应该入党的，是这种感觉。（笑）

从桂林一直到贵阳。到了贵阳以后，本来我要想办法去买车票回重庆，但是确实那时候很难，结果那个办事处的主任忽然间跟我说，你不用找了，我们的车还得往那边走，你就坐这个车吧。于是乎，我就又坐上这个车，就往重庆走。

后来就到了重庆了，下车以后，我想谢谢他们，找不着人，谁也不理我。我没办法，我本来想谢谢他们的，连谢都没谢，我就离开了那儿。但是在那儿，就觉得共产党上下级都是平等的，特别亲切的，人特好，就这个感觉。

陈：您到重庆后的经历呢？

黄：后来就到了合川，我伯父搬到合川去了。

陈：您到重庆去是找伯父的？

黄：找伯父。找到我伯父家的哥哥，他就把我送到那儿去了，于是我就从重庆上船。那时候是冬天。上船到北碚，北碚也住在一个表亲家里头，我记不住关系是什么了，还是一个很有名的人物（笑）。

之后我就上了船了，在船上我遇到了一个人，这个人的党名好像叫周波，姓侯，侯什么，就忘了。他坐在船上。这个人就盘问我，你从哪儿来啊？我如实地汇报。一说，他记下我了，完了他给我一个名片，接过名片一看，他是合川县一个报社——大概是《合川日报》，是一个记者。我讨厌记者，不愿意理他。我礼貌地告诉他，我住在什么地方，我就告诉我伯父的家在什么地方。于是他就派了两个同志，女士，就来找我，说我们要去宣传，不会化装，你能化装，油彩怎么弄的，怎么做的，你能不能跟我们说一下？我实在太闷了，活动惯了的人，一下子憋在那儿，好不容易有一个机会出去活动活动，当然可以了！我就去了。去了以后，就给她们讲，讲怎么做化装，我说我那个时候，黑的就是锅灰，油彩就涂一涂，化装胡子，拿一点胶水粘一点棉花就得了，就这样的。后来跟她们就比较熟了，她们就老来找我。后来其中就有一个是我的入党介绍人。她就说咱们找共产党去，我说上哪儿找去？我说我想找，我现在一点关系都没有，我说好机会都错过了，人家不找我，我怎么找人家？我连谢都没有谢人家，是吧？

后来就去了。他们就说要写入党申请书，写的时候已经跟周波他们报社里的人都很熟了，很多都是自己的同志。但是那时候已经转入地下了，他们知道这两个人是党员，把我拉上来，肯定慢慢就会是自己人，都很熟。那时候反正自己就想要工作，想要做事，他们那个学校灯坏了什么的，我说赶快去修啊，他们说没人修，我说那我去试试，因为我物理学得很好的，这些东西怎么接我还知道。后来大概是五一要游行，好，咱们就怎么热闹怎么来。后来得通过县里头公安局批准，公安局不让游行，最后就跑到一个中学，在县城外边开一个篝火会。

陈：您那时回重庆是要考大学，怎么不考了？

黄：不就是这些活动嘛。我在五一以前就交了入党申请，五一以后，在5月17号入党了，我也填了表，入党申请书也有，他们怎么保管的，我不知道，反正是都交了的。入党宣誓就到了一个地方，那是一个同志家里。我的监誓人坐在那儿，我的介绍人——那时候我才知道介绍人是她，才知道她是党员。宣誓的时候，也还是有宣誓词。没有旗帜，就一个列宁像，宣誓的。

陈：是监誓人带着你宣誓吗？

黄：监誓人。这个监誓人现在还在，也活着呢，我现在跟她特好。

陈：您入党以后有改变吗？

黄：还是跟从前一样，就是想要多做工作。从前就是为人民服务，现在就是要把人民整个的生活干好，为共产主义奋斗。

陈：那时候觉悟到那一步吗？

黄：那时候也有，也有点，但不是那么明确，就觉得共产党好。我那个时候学生党员预备期是一个月，一个月就转正了。9月开学，我就去教书。放了假以后，组织上让我做职业革命，我一点考虑都没有——没有说，哎呀，我还要考大学呢，没有。“哦，好！”就这样。

陈：考大学的念头就放下了？

黄：就放下了。全心全意的。（然后）就到了铜梁。

陈：您要去做职业革命者，伯父不知道吗？

黄：不知道。我说我要教书去了。去的路上就到一个地方，一个同志的家里头，就告诉我，这次你去，你要认一个姐姐，你不能说你是下江人[1]，你是合川人，姐姐嫁到铜梁的一个姓杨的家里头了，这个姓杨的是自己的同志，他介绍你到那儿工作了。为什么到那儿去工作呢？因为你哥哥被三青团盯住了，你很危险，他们就把你接到那里去了。

陈：有一个问题，您会说合川话吗？

黄：哎呀，那四川话马上就全都学会了，我就几个月时间，学了一口四川话。有一点口音没有关系，因为是从下江回来的，她哥哥出事了，她就被赶回家了。本来我学话的语言能力很强的，到一个地方，马上那个地方的话就学会了。去了以后呢，我们那个县委，就在这个学校里头，县委书记是管组织工作，我是管妇女工作，有一个宣传的，就这样子——不对，有四个人，还有一个人，一个书记、一个组织、一个妇女科、还有一个宣传，四个人。[2] 书记就告诉我，你那个姐姐明天要来，你要热情一点。那个姐夫就是这个教导主任，教导主任是单线联系的特殊党员，他是国民党的党员，双重身份的，所以他是教导主任。他妻子就从外边进来，我们书记是教导主任的弟弟，他说你要看见我叫她的时候，你就赶快叫她，叫她姐姐，叫表姐，管她什么表，反正就表了（笑）。那个女的当时没有党籍，她那个丈夫跟她说的，你照顾照顾她，不然人家查起来很麻烦的，你就当姐姐，当表姐，就这样子的。她为什么来？她要弹棉花，学校里总有空房子，弹棉花，她说来看一看，也就是把这个关系公开。我那时候戴眼镜，一看见她来了，我就赶紧叫她："表姐你来了，真好，真好！棉花弹得怎么样啊？"就乱七八糟地说，反正就是这样子，挺热乎的。就这样子，我就落脚了，人家就相信我是这儿的人了。

后来就一直这样。我教四门功课，美术、音乐、劳动、体育。琴我不会，自己赶快练琴，手风琴，天天练。原来是只能够弹，弹了你们唱，我跟不上的，后来慢慢地，我边弹边唱，就可以了。美术天天要去画，自己去找点画来画，劳动呢，就是他们给我建议，学校后面有一个山林，那儿可以去劳动，体育问题不大，跳什么的都会，就这样子。

---

① 下江人：抗战时期，大量移民涌入重庆。重庆人习惯把来自长江中下游地区的人称呼为"下江人"。

② 这一段修正，是口述人在后面说的，编纂时将这几句话插在这里。

陈： 革命工作是怎么做的？

黄： 革命工作那时候就是开会。我有一个单独的屋子，在那个学校里头。他们都有家，都回家了，学生们也不住校。我们就找个地方开会研究，我是管着女学生，反正分工，女的是我管。那校长很有意思，姓什么真想不起来了。听说他是大学里的大学生，是党员，共产党员，结果那边弄得他没办法，回家来，一直没有接上关系。他家里是比较有钱的乡绅，很有钱，有地，后来好像还开点买卖什么的，他办了一个学校，私立学校。他看出这个教导主任是进步人士，于是乎，他就让他当学校的教导主任，他得到什么消息就告诉他，他就告诉我们该怎么处理。有一次到大搜捕了，我们那时候接头确实是很困难，因为是单线联系，我就联系一个人，他再联系他那个人。我就找那个人，到他家去，告诉他有哪些人都疏散了，要他赶快走，结果他们都走了。我说你记住，我姓黄。

陈： 当时私立小学老师的薪水是多少？

黄： 薪水不少钱呢，十几块钱。但是我都交党费了，除了生活费以外，我的钱都交给组织了。

地下党里的革命夫妻

陈：您和唐建中先生是怎么认识的？

黄：对，就是在那儿。他就是组委——组织委员。书记后来就进了渣滓洞，《红岩》里面有一个叫老大哥的人就是以他为原型。后来就牺牲了。我每次到重庆去，都要到那儿去看一下，现在我是去不了了。书记很年轻，比我还小，很能干，很不爱说话，但是很爱写东西。

陈：这个老大哥的名字你还记得吗？

黄：杨德存。教导主任叫杨德培。

陈：唐建中先生也是学校的老师？

黄：我们本来四个人都在这个学校里，后来一想不行，还是有一个出去吧，他在农村，我们在县里头。后来这个学校又搬到庙里头去了。在那里的时候，我们两个人就住在一起，唐建中提出来的，两个人在一起，更方便了。

陈：当时您答应他的时候，是为了革命，还是有情感？

黄：同志就是亲。我告诉你，（笑）同志就是亲。他提出来后，就没有理由拒绝他。另外，我这个人确实是有点愚——人家说的，我就不能告诉任何人；该问的我问，不该问的我就不问。他知道我大概是 1939 年入党，他是比我早，肯定比我早。也不知道是他告诉我，以后我记不起来了，还是我根本就没敢问。就知道他在北碚，建设中学毕业以后，他就在那里工作，做职业革命者。他比我早多了，不是 1937 年的冬天，就是 1938 年的春天，反正在这段时间他入党了。很勤恳，很认真，他自己家里头，等于是什么呢，恐怕是中农的样子，不是富裕的人。当时他也还是没有管家的，他的钱除了交党费，就是自己的生活费。我们是 1940

年 3 月结婚，我都没通知家里头。

陈：两个党员要结婚，要向上级打报告吗？

黄：打报告，组织批准。他跟书记说。

陈：您离伯父很近，没想到跟伯父家里打声招呼？

黄：没有，都不说。后来告诉他们了。告诉他们以后，家人做了很多衣服，托人带过来，娃娃的衣服什么的。

陈：他们是指伯父，还是指父母亲？谁给你带衣服了？

黄：我妈妈。她要给我一笔钱，我说不要，我说现在工作，没有地方花钱的。

陈：有没有简单的婚礼？

黄：没有婚礼。我们俩搬到一块儿住，就完了，没有婚礼。当地人都没请，我们就说我们到合川去结婚去了。他是合川人。1941 年 1 月生的孩子，生孩子的时候，组织给了我 20 块钱的营养费。因为我什么都交了嘛。那个时候，20 块不少了，而且党还有很多要花的钱，给我的营养费就是这么多，心里头很温暖、很温暖的。（笑）这是组织的关怀。那个时候就是这样子的。特别高兴，那比家里头给的钱舒服多了，那个钱是这么出来的，这么多人的党费，党的很多活动都需要这个，你说是不是？这钱是很不容易的。

陈：后来离开铜梁是什么原因？为什么离开铜梁到广安工作？

黄：对了，我带着孩子一块儿去的。那一天我们走的时候，我们是说，因为家里头老人重病，叫我们回去，我们就辞职了。刚刚开课没几天，我们走了。走的时候，那个接替我们的人叫熊伯涛，原来跟老唐是很好的朋友。他们两口子来了。我们见了面，他们俩很熟，见面都没打招呼，假装不认识。教师的职业是比较自由的，我有什么问题了，我说我要请假，只要打个报告，我就可以走了。

陈：您这次离开铜梁，是组织调动吗？

黄：组织调动，把我调到广安去。有一个人，他大概是中心县委打入敌人内部的公安局的人，很快就发现成都来了一批人，他就觉得有问题，于是他就通知我们走了。我们三个人都走了，刘渝明、老唐，我带着孩子，走了。第一站就直接到了北碚，等待分配。他弟弟住在北碚，附近有一个农场，就是卢作孚的那个农场，他弟弟在那个农场里头工作。那时候我们就上那儿去住着，等待分配。忽然间来一个人通知我们，赶快走。北碚出了一个叛徒，是唐建中过去有联系的，叛徒已经知道他到哪儿去了，赶快走！于是我们又回到他老家。他家里头生活并不好，所以就在三汇乡一个地方教书。都教书。他家那时候没办法生活，就这样子。他直接跟县里头联系，单线联系。后来那个学校也不合适了，我们就到一个姓杨的家，也是合川县的，杨家自己开一个私塾，我们教书。杨家有钱，孩子们要上学，出去老远的，又轰炸，又什么，自己在自己的祠堂里头开了一个私塾，就我们两人教书。那就把语文、数学什么都教了，不教古文。大概孩子两岁的时候，他接到通知，到重庆去接关系。于是他就到重庆去了，住在一个旅馆里头，在电线杆子上贴了“谁谁谁，什么、什么”，然后他就等着。结果两天没有来人。他就观察下面路上的情况，发现是有人在守着那个地方，（国民党）便衣，就没接上关系。他晚上离开了重庆，结果后边就有人追他。他比较熟，我也不知道他怎么走的，反正他是走小路，全都走小路，路上有跟梢的。他后来就跟人换衣服，换装，把头发都剃光了，换农村的衣服。给人家怎么说呢？说抓壮丁的，我现在有困难，希望能够把衣服给我换了，给我剃剃头，我家里头有 80 岁老母，需要我，我不能去当兵。农民就很相信他，就给他换了衣服，改了装，完了再走，才把那个玩意儿甩掉。回家一看，光头，他就告诉我遇到这个事情。后来他又给原来他接关系的人写信，后来再也没有联系。

陈：就已经跟党组织脱离关系了？

黄：就丢关系了。大概是 1943 年，他就得了病。

陈：唐先生那时候才 20 多岁，得病就去逝了？

黄：我现在就得算，他比我大点，大了两岁，也不知道是一岁还是两岁。那时候已经没有工作，后来就没有办法工作了。私塾那个是怎么个事？有一次来了一些人，就来检查这个学校，我一看，里头有我认识的一个人，我不知道他现在的身份如何，我也不知道他是个好人还是坏人，如果是坏人的话，我就暴露了。所以我抱着孩子就往屋里头跑，摔了，没有骨折，就是扭了一下，完了之后，抹点药什么的，弄得不好，（指脚踝）这儿就崴了。后来老唐一下子就得病了，得病了，没钱医治。说是上合川，合川我又是暴露分子，到北碚他是暴露分子，都没有办法。怎么办呢？就在家里，到镇上去看病。结果没有看好，就死在那儿了。在一个亲戚家里头住着，死掉了。当时我什么都不知道，人家说你一定很悲哀，我说我第一个想到的是，坏了，我的关系找不到了，我的关系没了。我的关系都是他给联系的。怎么办？我急的是这个，没有组织关系了。当然也挺痛苦的。以后怎么过？过了三七还是四七，我想来想去，不行，不能在乡下了。我要是出去工作，这个孩子还得带着，这儿的工作，没有了关系怎么办？我住在这儿，什么人也不认识，我得找关系去。我回合川去，暴露我就暴露了，反正我现在没关系，谁问我什么都不知道——我真不知道——所以我不会害怕的，对不对？这个关系得找到。所以我就到了合川，我二伯父那儿，住在那儿，大概是1943年年底吧，年底在他那儿过的。

后来伯父的一个朋友，是南方人，叫李寿礼。伯父那时候自己开了一个书店，送报纸。这个南方人就上那儿看报纸、买书什么的，就认识了，挺熟的。都是南方人，那个时候在四川这里，这种心情都可以理解，碰见老乡就是很亲的。他在政府麻醉药品处的统计室工作，他就管一个人，一个办事员。那个人要辞职了，他就看到我没工作，问我你会不会什么东西？你学过什么？那时候组织上号召我们学一门专业，那么想呢，经济还是很要紧的，于是我就学了会计，我们俩都学了。我说我学过会计。他问，打字会不会？我说打字慢慢学吧。就这样子，他介绍我到那里去了，1944年1月1号去的。他就告诉我，你不能半截就请假告退什么的，最少一年啊。我说，好，我说也许我还一直干下去呢。就做了。带着孩子，我老住在伯父家也不合适。伯父家原来在镇江住的时候，有一个家庭医师，都是这个老人家给看病，姓熊，女的，熊大夫。那个熊大夫自己又找了一个大一点的房子住，我就搬到她那儿去住了。把钱交给她，我还有一点零花钱，其余都给她。她帮着看看孩子。她还有儿媳妇什么的，可以放心了。我伯母岁数大了，我哥哥他不在家，嫂子一个人带着俩孩子，实在不能帮忙，我也不能让她再帮忙。所以我就上熊太太那儿去了，孩子交给她，白天我上班。

陈：那个麻醉药品处是在合川吗？

黄：在合川，就在合川。有个工厂，这样的。后来我把孩子寄养在那儿，我就找宿舍，找机关的宿舍住了，我上班方便。礼拜六回家去，把钱给人家。

陈：回头问一下，唐建中先生是个什么样的人？

黄：他特别爱看书，就是爱看书。他是重庆建设中学毕业的，是高中毕业还是初中毕业，我就不清楚了。后来他就上那个什么研究所——不是叫农业科学院就是叫什么科学院，他就在那儿上班。熊伯涛也在那儿上班，他们几个都在那儿一块的。因为出身不一样，他有些东西确确实实很现实的。他的阶级觉悟比我高，农民家庭出身的，所以他对于农村的宣传是很内行的，也很热情。他组织观念很强，确实不该告诉我的，他就不告诉我。他联系的人，联系的关系，都不告诉我，这是按照组织的要求做的。解放以后，刘渝明曾经说：是不是为他请求（申请）烈士？我说他不是在工作当中死的啊。我这个人死心眼了。他想给抚恤金。我说不要，不要！我就是这样一个人，自己不想享受这些东西。

陈：唐建中是他的真名？

黄：唐建中这个名字，还改过一次，叫唐永年。我还改过名字，我叫黄翠琴，还改过一个，我的党名叫李锐，就是党内的名字，当时都有这个名字。

陈：这个名字是自己取的吗？

黄：自己取，我为什么叫李锐呢？因为我妈妈姓李，我用妈妈的姓。

陈：关于唐先生，您还有什么回忆吗？

黄：很用功，他学的东西，记得特别清楚，脑子里头很清楚，他看过的东西，不用很费劲的，就记住了。很专一，是地下工作的材料。

陈：对，看文件，可以把原件毁了，这样安全一点？

黄：对，我们藏文件。我记得那个时候，文件上的字都写得很小。中央开会了，我们就写很小的字，我们都保存着。我们学校搬到庙里头去的时候，就在庙那个地方挖一个洞，把那个东西都搁在这里藏起来，大家都知道这个。到一定的时候，就要把它带走，或者怎么地。现在，入党的这些东西还存在不存在，我就不知道了，我们那时候交入党申请书，宣誓，这些存根有没有保存到现在？不知道。他们怎么存的？交到哪儿去了？不知道。

职业女性寻找党

陈： 1944年到了卫生署麻醉药品部门做会计，跟地下党就脱离了？

黄： 没有关系了。但是我到了合川，礼拜天在路上碰见好多曾经是党员的人，我就告诉他，我脱离关系了。那他肯定是跟我说，他也脱离关系了，都要这样说的。要是你碰到了，我也替你说一声，我丢了组织关系了，咱们就共同努力吧，能找着最好了。因为我自己本来就已经是职业革命了嘛，已经知道这个规矩了。不管他有没有，我也要说，真到有一天，那就说明我还是找过组织的。

我的这个情况他们都知道。我去的是统计室，麻醉药是政府控制的嘛，要进行登记，医院里面用完了嘛，用完的报告都得拿来，是这样子的。反正一天也不算太忙。因为中午回家吃饭要走很远的路，我们那儿有食堂，去食堂吃。统计室是在一间屋子，隔壁是会计室，孙普[①] 就在会计室工作，他要上厕所的话，必须要路过我的那间屋子。我那个屋子里，有两个人办公，两张桌子。他在会计室，也都在这个食堂吃，慢慢就认识了，也谈得来。没有觉得是要找个对象，没有的。没有组织关系，是特别难受的一个事，但是人家挺热情的，有时候路过这儿聊聊天。我们那时候关系就是这样，一直挺好的。

满了一年，我就退下来了。为什么呢？我说这儿找不着（党的关系），我要做我自己喜欢做的工作。我就上中国青年剧社那儿去了。我去的时候，还没有工作，得等着，就是有地方吃饭了，是吧？因为在剧团，

---

① 孙普是口述人的现任丈夫。

带孩子总是不好的，特别容易敏感。有一个从前的同事，她退职回家了，她就说，你带着个孩子不容易，送到我这儿来吧，我就把孩子送到她那里去了。在什么地方，我现在也记不起来了，反正是在重庆的南边，坐车大概两三个小时，至少不带着孩子在我们剧团里头。

1945 年 5 月，演出《离离草》[①]。我是演监狱里头的一个小偷，犯了案了。这里头关着的，是东北反抗日本那些人，他们诉说这些年的痛苦，十几年当亡国奴，后来打胜了，他们里应外合准备起义，大概剧情是这样子。第三幕有我的戏，其他的都没有。

孙普也到重庆，他们有一个办事处在重庆，他有时候也来找我玩。后来我就觉得，这个人还挺不错的，因为他也知道我的情况，他还有个孩子。

演了这个戏以后，接到一封信，说是“好久不见了，我明天到你们那个茶馆那儿等你”，就这么说。我们住的地方，外面有个茶馆，我们剧团住在那儿，我一看这个信，出去了，也不知道是谁。出了茶馆的时候，我就注意看，有没有像接头的人。结果一看，就是跟我一块从广安撤出来的那个人。他也到重庆了，关系一直没断。他拿着个报纸在看，他看见我来了，就把报纸收起来了——四川那个茶室是要先把钱付了——就起来走了。我就也没有停步，我走过来一看是他，这就知道了。我和他说了我当初怎么走的，唐建中怎么死的。说完以后，他就说了：单线联系。我们就单线联系。之后，我和他谈了孙普和我的关系。他说这个人要思想还可以的话，可以结婚。他说可以，等于是组织批准了。

这个戏完事了以后，金山来找我谈话，说我们这个剧团里头进来一个特务，所以我们暂时停止活动，你还是可以住这儿。我说我已经脱离舞台很长时间了，正好这个时候中华剧艺社在成都，成都有一个叫苏慧的，是二队的人，知道她在那儿，联系上了。她就告诉我：“我们这儿需要人，你上成都来吧！”我就告诉他[②]，我说苏慧在成都呢，她约我上她那儿去。我说我准备去。他问我什么时候去，就这样子决定的。完了事

---

①《离离草》是夏衍编剧的四幕话剧。

② 他，指金山。

以后，我还帮别人演了一个戏。

陈：帮别人演戏是什么意思？

黄：那时候就是组织演一个戏，演完戏拿点钱做路费，要不没钱。（剧团津贴）三块钱一个月，哪能存什么钱？就帮人演出。大概在江津演出，演出完了就走了。孙普也是这样，他是自由职业，一会儿在这儿，一会儿在那儿，他看到我走了，他也走了。他就到成都去，他有一个同学在成都的乡下。对，追着去的。他就在那边教书，礼拜天回来一趟，看看戏什么的。

这个时候已经是 1945 年了，那个导演好像姓肖，肖什么我就忘了。

就在这一天——（1945 年）8 月 15 号——我和那个导演一块去看戏，是他弄的票，我们也没花钱，就去了，唱那个《盗御马》。看着，看着，上头包厢里有人喊："日本投降了！"哗——一下子全都走了，戏也不看了，演员也不演戏了，（笑）也来不及脱戏服，穿着就出去了。哎呀，那个热闹！不管哪儿的，只要是不说四川话，都说"回家了，回家了！"这种声音，只要是这种话，我们抱在一起就高兴，跳啊跳啊跳啊，真是特别激动人心。这个时候都玩去了，他们都游行，等于自动跑到外面去游行了。完了呢，大家都回去了，回去就在舞台上跳舞。跳着跳着，听见"呜呜呜呜"的哭声。那时候我耳朵也好，我说哎呀，怎么有人哭啊？这么高兴，他哭什么？大家都说是啊，都觉得有哭声，哭声在舞台的这个角上，那个剧场叫什么名字来着，就是演话剧的那个剧场。[①] 结果我们就下去了，下去以后就看见一个人，现在这个人还活着，叫卢珏。他哭。为什么哭呢？问他，他说话是有广东味道的，"你们都高兴，你们都回家，你们家里头都有联系，我回家，还不知道找不找得到我的家了"！（笑）就哭这个。因为他和家人一直没有联系。我们家里头还是有联系的，他没有联系，所以他就哭，他回家是不是还能看到他的家人，能不能团聚，还不一定呢。哭啊，大家就陪着他也难受，反正就这样慢慢劝啊劝啊，这件事我一直还记得。我那时候用的名字是黄瑾，因为我特别佩

① 当时中华剧艺社租赁了成都三益公戏院。

服秋瑾，就想干个秋瑾这样的事，所以到成都我改的名字，改的（是）黄瑾。

这样一来呢，我们就接着演戏了，那个戏就不演了。那个地方也是这样子的，这个戏演出了以后，接着就要排新的戏，因为要看票房怎么样，票房好，就多演点时间；票房要是不好，就少演点时间，变化很多。后来接着又排戏。应云卫确实是很了不起的一个人，是一个民主人士，但是他是一直在给党做工作，成立中华剧艺社，就是组织上拿出几千块钱，就离开重庆到成都去演出，开始话剧事业这样子的。他是三教九流的关系都有，确实有的时候需要借钱的，一个戏来了，卖出的钱，还要吃饭呢，每个人还得分三块钱（津贴），是吧？那个剧场叫"三益公"，成都的"三益公"。后来又改别的戏，接着下来演了好几个戏，我现在都记不住是什么名字了。一直到圣诞节以后，我们才从成都打回老家去了。

与孙普结为终身伴侣

陈： 孙老师一直在等您？

黄： 我们两个人要回家的时候，我怕妈妈、爸爸看着带一个没有爸爸的孩子回去，他们很难过，我怕这个。所以我就说，我们两个结婚吧！在成都结婚的，在成都的一个什么地方，一个礼堂。我一个同学的父亲，青岛有名的律师，他帮我找的这么一个地方，他也是我的证婚人。

陈： 结婚的仪式是老式还是新式的？

黄： 新式的。那时候我们演戏，有服装什么的，正好演过一个《结婚进行曲》，有这个服装，婚纱是我一个同学的姐姐结婚时候用的，把它借来。他的西装礼服也是演戏的服装。我们剧团的人团聚了一下，吃了点好的，添了点菜，就这样子结婚了，因为家里头要面子。那时候，家里把钱寄给我了，就买了票，很高的价钱。到了武汉以后，就没有钱了，吃饭还要钱呢。我们就下来，就在武汉找几个朋友，最后还是在我父亲的一个朋友——我父亲的把兄弟——家里头借的钱。这个船不能等我啊。那个时候的人真不错，因为在船上都认识了，我就把东西托一个人，说你到了南京，把这个东西给我送到哪儿。送到什么地方，现在也忘了。当时他父亲在那儿，孙家有好多好多人。果然，后来人家给我带回去了，而且送到家里了。那个人真是朴实，他居然真的把东西准时地给带回去了。

孙普的家庭，是书香门第。他们家基本上都是出去（读书、工作）的。他父亲在那个地方办了一个小学，那是1905年办的小学，私立小学，后来就变成了公立的。他还当过教育局局长呢。他父亲写了一手的好字，街上好多对联，商店的招牌，都是他的字。他的母亲是一个填房。大哥出去留学的时候，卖了田地，让他出去的，所以大哥对他的继母非常好，都是书香门第的关系。他的叔叔也是出去了，也是很早，好像是跟洪深一个时期的，是三几年才回来的，是一个专家。孙家太多人，最高的那一层是一个人，生了两个儿子，大房、小房，大房有五个儿子，小房又是五个儿子，人是很多很多的。他们家是大房的老大。长子长孙就是他的哥哥，所以他有好多叔叔都比他小，老大就吃亏在这儿。

孙普也是高中毕业以后，就抗战了，上不了大学。回来以后，忘了到一个什么学校——现在真是记不住了。就是搞记者工作，其实他最不愿意说话，也是最不会说话的人，闷着头的，他就搞这个。后来（临近）解放，就学俄文去了，但是他一直没有解决组织关系。我觉得，有的时候，他有些自由散漫的东西。我自己那时候也没有（党组织）关系，我也没法帮他。后来慢慢越来越觉得，他没有这个要求了。成了自由职业者，是这样。（孙普）这个人，年轻时候好打抱不平，虽然是不说话，他也判断得很准确的。所以组织上承认我，也能够承认他，批准我们俩（结婚）。

我回来以后，在上海住了些日子。那时候又怀上孩子了。要买票去天津，也是托他叔叔，他叔叔跟招商局有关系，他认识技术人员，他帮着买的票。我在上海也检查了，（生产）日期还没到，到第二天开船了，上了船，肚子不行了，要下船，临产了。又上我检查的那个医院去了，我就没走成。他们两个人就到天津，[①] 谁也不认识，那时候是打电报，他们去接去了。（笑）

他叔叔叫孙云铸，是北大地质学系的系主任。他叔叔找他，给他介绍在一个农业研究院之类的工作，就是现在的农科院，那时候叫什么农业研究所，做了一些日子，不行，还是要再上学，就回去上学了。就回南方了。我就在这儿，没办法，我爸爸这些关系都没有，他就是商人，我也不会这个玩意儿。后来我说，干脆回（夫家）那儿去，他们家社会关系好，我就教书去了。因为有工作才能有继续革命的地盘。商人做什

① 他们两人，是指孙普先生和他的继女。

么？我爸爸这个人也不会，他宁可把你养在家里，也不会叫人家去找工作。

所以第二年，我就回（孙普老家）那儿去了，在高邮，做了一些工作。我教的歌，学生们都喜欢唱，我的学生学了以后，就教给其他的同学，等于满城都是抗日歌曲。有一个学生后来就说，他唱的歌，有些亲戚朋友在城南住的，亲戚朋友一听这个歌，非要他教他们，这样子的。后来在那个学校里头，要讨学米——工资是按粮食来代的——开始了讨学米的一个运动。小学校的老师集中起来，向教育局讨。我就是教师的代表，但是因为孙家和教育界的人比较熟悉，而且他父亲又是一个老教育家，他另外有个叔叔那时候要搞什么人民代表还是什么东西的——国大代表，他也是搞教育的，大概在青海或是在甘肃，当过教育部门的领导，他是孙普的亲叔叔，但是过继给五房做儿子，因为五房没有孩子。他们家的地多，我们家的地少，他母亲一直没有收过租子，没有定为地主。他们家的地都是因为上学的上学，工作的工作，都弄光了。人家就说："你们不会上你的叔叔那儿拿去？"我说，那是他的东西，我怎么可以要？这个是我自己的东西，我为什么不要？反正闹得挺热闹的。后来是给了。闹了一阵子，也就平平淡淡地过去了，这是我自己做的一些事情。这个事情以后，就有人来找我说话。找我说什么呢？说咱们是不是找共产党去——现在想来大概是一个同事，反正不是很熟悉，我不敢承认，我怕是有人怀疑我这个事情，来试探我。我干吗要上当啊？我没有关系，我倒不是怕。他说咱们是不是上新四军那儿去？我说带着孩子，我们上班挣钱吃饭就得了吧！这世道好，我们带着孩子麻烦，我就只好这么说。装，是不是？这是个理由吧：不能走，我家里挺好的，我现在有工作，挺好的，我表态，世道好，我有吃有喝的，在家乡为家乡做点事也挺好，就这样。而且咱们也不认识人啊，咱得认识人才行，对不对？我估计这个人也可能是真的，但是我得防着。也没有去新四军那儿，确实也是觉得带着孩子给人添乱去。（解放）这是早晚的事，我不着急。

孙普太老实了。最好玩的一个笑话是这样的：我妈妈会做一个菜，叫葱烤鸭子，很好吃，确实很好吃。他来了，就给他做。女婿上门，多好啊，是吧？丈母娘看女婿，越看越喜欢。就给他说："好吃吧？""嗯，好吃，那个葱好吃。”这是以鸭子为主的，他说葱好吃！确实是不会说话，确实是这样子的。（笑）他见了客人来——我父亲母亲的家里头经常宾客满座的——打麻将什么的，他碰见人家就点点头，你好，你好，你好。再也没有多一句别的。该叫什么叔叔、伯伯的，都叫，但是不会说多少话，就这样的。他还有一个事，以后我到北京了，后来工作了，他来了，也工作了，我的朋友、同事上我们家来，他一句话也不说。我就说，你不去跟人说几句话，人家以为你不欢迎人家，是不是？欢迎人家，你得说几句。他后来就说了，第一句话是：“你好，挺忙吧？”第二句话：“今天天气不错”。第三句话是：“您坐着啊，我出去忙一下。”就这三句话，好不容易编出这三句，很用心地在找几句话。以后就是这三句话了。他不会应酬，书呆子似的。

1948 年，我弟弟结婚的时候，我就回家，就一直等到解放。我到了北京以后，孙普没有来，还在念书，学校我记不住了，在上海。妈妈就说，把我送回上海去，送到南方去，要不然生孩子，万一有个什么事麻烦，也不能是两地。我爸爸想办法，到飞机场弄飞机票。我说我不去，他上他的学，我在这儿。我也不想走。我心里想，都到解放了，我干吗要走？我等解放多好？到那儿以后还得等几年，不知道等多少年了，这就很难说了。所以我就没走，就留下了。

新中国成立前后

解放后，有一个叫吴性栽[1]的，夏衍他们请他来。他不愿意住到他们那个地方，天津染料界跟我父亲都有关系，就通过人介绍，到我们家住。我父亲向来是很好客的，他话不很多，但人很诚恳，谁来他都欢迎。我妈妈更爱热闹。费穆[2]那一次住到我们家，我还留费穆呢——我知道费穆的名字——我就说在这儿干吧。我那时候正好还没上班，在家里头，但是我已经说好了上田方那里去[3]。我说我等到把孩子断奶了以后，我就上班了，咱们一块干吧！

陈：费穆来北京，为什么没有留下来？真实情况您了解吗？

黄：哎呀，很难说。很多事情一下子也说不清楚。后来我知道了，他去见过江青，具体的情况，我不知道。大概话里话外的，就有点指责他，你要怎么地才行，他就不敢在这儿了，后来他就到香港去了。他跟吴性栽一块回香港去了。就再也没有消息了。他们在我家都挺轻松的，他们谈什么，也都很自由的，我觉得好像没有什么隔阂。张瑞芳、金山、

---

① 吴性栽（1904—1979），电影事业家，字鑫斋，笔名槛外人，浙江绍兴人。1923 年开始在上海投资颜料生意，1924 年创办百合影片公司，1925 年百合影片公司与大中华公司合并成大中华百合影片公司，任董事长；1930 年与华北电影有限公司及民新影片公司合并成联华制片印刷有限公司，仍任董事长。抗战爆发后，在上海租界相继投资合众、春明、大成等影片公司，抗战胜利后又独资创建文华影片公司、清华影片公司和华艺影片公司。1948 年迁居香港，主持成立龙马影业公司。1973 年退休。

② 费穆（1906—1951），电影导演，字敬庐，号辑止，江苏人，生于上海，曾导演《城市之夜》《香雪海》《人生》《天伦》《狼山喋血记》《斩经堂》《孔夫子》《世界儿女》《小城之春》和《生死恨》等，1949 年，费穆和吴性栽同行到北京，曾在天津逗留，住在黄素影父母家。

③ 上田方那里去，是指到北平电影制片厂去，后改名北京电影制片厂。

夏衍那时候都上我家去了。他不住那儿嘛，都上我家去。一看，“哎哟，怎么是你啊，怎么住你家来了？”我说我父亲跟他们那个行当有一些联系，喜欢住在这儿，这样的。

陈： 您那时候，知道吴性栽是文华公司的老板吗？

黄： 我知道。他们来的那个人，跟我父亲说了。我为什么知道他是染料界的嘛，他们用染料界的关系来到我们家，那时候房子也多，大概是 17 间房子。那个房子是美孚行租的，后来我父亲和美孚行脱离关系，人家把那个房子收回去了，他就再买一个房子。后来就卖了，公家收回去，也不知道多少钱，反正很少了。

陈： 您说在北平解放，解放军入城，您了解吗？

黄： 我是看着他们从西直门进城的。我们家就在西交民巷北边一点，我就走着，一直走到这边口上去看这个。我是很激动的，真是很激动地哭了，太高兴了！那时刚好孩子生下来刚满月，我就愣穿着衣服，戴着那个美军棉猴上那儿去了，看着解放军入城。我特别激动，觉得是家里人来了，回到家了，真是回到家了。

陈： 您父母和比较富有的那些人，害怕解放军吗？

黄： 我父亲有一件事情，后来告诉我了。还没有解放的时候，他收到军管会一封信，写着：“你把敌产要管理好。”他就把这个东西拿回来，赶快烧掉了。然后他就忙着上西郊飞机场那儿去，他们的油库在那儿，把它安排得好好的，一点也不许乱动啊。很尽力，管理得很好。所以后来一直也没把他怎么样，本来他也不是买办，他是直营，是北京的行长。

陈： 1949 年开国大典呢？您在现场吗？

黄： 开国大典我是听的，听收音机的。10 月 1 号以前，我就去做了一件列宁服，国庆节[①] 的时候我穿上了。（笑）因为我家离天安门很近的，这边是天安门，我们家就在这边的胡同里头，很近的。那天晚上庆祝的时候，是有晚会吧？我们都去了，放炮，地上全是一些没有放开的，都可以自己点上的。

---

① “国庆节”系口误，实是指 1949 年 10 月 1 日，即新中国开国大典时。下文说“国庆节”也如是。

洪深是先来的，开政协会议之前他就来了，他就找到我了。后来就联系上冯白鲁了，冯白鲁是我们二队的人。我说我到底上哪儿好？上金山那儿好呢？还是上田方那儿好？冯白鲁就说，电影演员生命比较长，可以演到很久，舞台上顶多演到五六十岁就不行了。我觉得他说得对，我就找到田方了。找田方，那是国庆节前还是国庆节后？这个时间记不清楚了。反正我去了，去了我说："怎么办？我到底上哪儿啊？上金山那儿？还是上你这儿？你欢迎不欢迎？"（笑）他说："欢迎，欢迎，你来吧！"我说，不行，现在我孩子吃奶，我爸爸本来对这个工作并不怎么看得上。后来夏衍来了，洪深来了，他就觉得这个事是个事业了，它不是戏子了，还是挺光荣的一个事情。但是我怕给他们添乱，虽然把孩子丢到家里头有保姆。我说还是等到他断奶以后，我再去。

进入北京电影制片厂

陈： 您是什么时候到北京电影制片厂的？

黄： 我 1949 年 11 月才去的。最有意思的是，那个时候中电三厂有规矩，年底是双薪，我 11 月去了以后，马上到 12 月，12 月我就拿了两个月的工资，拿回家去，他们说："哎哟，挣那么多钱！"（笑）我就说，他们是双薪。

陈： 1949 年，田方他们是供给制，您是拿薪水？

黄： 我是拿工资的。我是 500 斤小米，还是多少斤小米。我家里头确实也不需要我的钱，但我的钱全交给家里了。后来就评级了，我们这儿，一部分是部队来的，他们都有级别的。原来中电三厂的人，这是一拨，还有一拨就是延安的人，这三部分人。我哪部分都不是。各个部，比如三厂的带头人是谢添，把谢添抬高了，他们就跟着他可以高一点。延安的就觉得，他们延安是革命，既然要评，那我们的级别不能低。我就是中不溜的。你说要演主演的话，我在重庆、成都都是演主角，那时候话剧，演主角的戏也不少，还是可以的，在感觉上。但是没有人给我抬，没有人抬我，我自己说什么就是什么了，所以我就排了个中不溜的，一直是科级，科级要到处级就很难了，这是道坎，几十年没动。后来才弄到一个 8 级，原来好像是文艺 11 级，是个坎。一到评级的时候，一个组里头评两个人，我放弃了，我觉得我也不需要，家里头还养得活我，都让给别人吧。

那时候党公开以后，我就特别激动。党公开大概是 1950 年 5 月，之后我就找他们，赶快写报告。我是党员，我的证明人是谁谁，我都写了。哎呀，这个拖呀！有些人就说，某某某对你这个事情不热情，都是很正常的现象。

陈：我没听明白，谁不热情？为什么不热情？

黄：出身不好，这是第一个。所以可能会觉得，那个时候是不是错误地把她吸收进来了？就不在意你的事情，所以他就不给你办，他就不去跑——调查核实好多事。开始的时候，就是我写报告，那没有证明人啊。最后跟我联系的那个人特别好，四川一解放，她就写信来，问我的关系接上没有？我不是在北京嘛，她写到天津的地址，不是我的名字，是别的化名。人家就把那个信给我寄到北京了，我收到这个信赶快就把她的地址记下了，她那时候在一个什么地方当厂长兼书记。我得到信以后，赶快告诉他们，我说我的证明人有地址了，就赶快弄。他也是不大在意的。后来，1951 年的 3 月，开组织会议，她就来开会，她知道我地址，上这儿来，在我家吃饭，这就算联系上了，挺高兴的。她问我，我说你赶快写，你写完了我交上去吧，他们也不管怎么办？她说我这么写信人家不可能相信，要通过组织才行。这个时候，我们家才知道，我是个共产党员。（笑）

陈：党组织那么长时间都没承认您的党员身份，为什么呢？

黄：这个就不知道了。我估计是家庭出身不好吧，是资产阶级。有的人就是不关心，就觉得这个不对，那个不对，这个不好，那个不好，提出一些理由，所以你没办法。后来他不是弄不了嘛，我就退休了，我 1984 年退下来了，把我的工资改成 75%，扣了 25%，不是离休。有些人，就是北京解放以前，“华大”[①]一上就是离休，我说我在党的旗帜下，生死不顾地来工作，是职业革命者，就这样对我？不行，我得找。大概从 1985 年开始，这时候党委的一个同志，现在还活着，他说你快点吧，看看哪儿缺（证明材料）。我说是啊，你告诉我，哪儿证明缺了，我自己去找。有一个人支持我，我就自己跑，就是我丢关系的时候还继续革命，我没出卖同志，我也没被捕，我也没有超过三年，慢慢找，这儿有不对，这儿缺什么，我就去跑。到高邮去了一趟，去找我在高邮的表现。反正

①“华大”，指的是华北人民革命大学，创立于 1949 年 2 月，吸收知识分子入学，接受思想教育。

后来就恢复（党组织）关系了，党龄是从1939年算起到现在。

陈：那您应该算是离休了？

黄：嗯，对，对。现在就是离休人，抗战干部了。

陈：解放以后，您父亲在美孚行工资待遇没有了，没有那么有钱了？

黄：没有了。但是他买了房子，还有点余款存在那儿。后来，慢慢坐吃山空的时候，他卖东西，家具、电冰箱、电风扇……这些日用的东西。原来是有电话的，后来就撤了电话，能省的就省一点，还是可以过去的。存款还有一点，不是一点没有了，大概还有点金条之类的。我就不管这些了，我反正工资来了，我都给他，我要，我就拿出来，那时候三个孩子，三个人再加上我是四个人。

陈：那孙老师什么时候来北京团聚的？

黄：他是1954年还是1953年，后来他就上部队去，当俄文翻译。那儿不叫参军，他就是部队的一个职员，俄文翻译。他说去了沈阳，下了飞机，就在飞机场里待着，没去过城里，跟专家一块坐坐，后来专家撤了。没撤以前，他就出来了，就调到北京来了。他开始教书，教俄文，“文化大革命”以后，有一段时间教英文，他英文也还可以，因为高中的基础比较好，他在上海上的学。

陈：孙老师来了，小家5口，还在家里住？

黄：家里住。一直到1958年我下放，我就跟田方说，我要个房子吧。因为我跟我弟妹不怎么太那个，我弟妹老闹事，她老问我，你老住在家里头？1958年以后给我房子，我就搬出来了。

陈：1949年11月到北影，也要参加学习班、训练班吗？

黄：有些学习。学表演，苏联的斯坦尼体系。我们还学过俄语呢，就会字母，现在连字母都忘掉了，就会几句话，基本都忘光了。

陈：整个演员剧团都要学俄语吗？

黄：都学，俄文有一个班，一个礼拜学一次俄文。

陈：要参加政治学习吗？

黄：政治上也是都学。政治经济学、党史这些都学。那时天天上班，不像现在，现在演员多自在，没事就在家里头。就是到“文化大革命”以后才松下来，原来一直是天天上班的，只有一个礼拜天在家，礼拜六是半天，就这样子。每天都干什么？批评和自我批评，自己找，自己查，还有思想汇报，还有学政治，反正天天都有事，天天都得上班。我记得，好像礼拜六是不是还都有事？我觉得没有休息的时间，除了礼拜天。有的时候礼拜六有晚会，有跳舞的晚会，开始还有我，后来就没有我了。我就说，组织上真好，知道我孩子多，就不让我去了。

陈：跳舞晚会是北影组织演员去中南海？

黄：上中南海啊。我看见总理我就躲，夏衍也是。有一次我们拍《烈火中永生》的时候，我正好休息，没有镜头，夏衍来了，我赶快躲到后头去了，躲到幕后，有地毯，我不敢睡啊，就是躺下休息一下，因为睡了打呼啊，那都是同期录音的。完了听到那儿镜头要完了，下边有我了，我就起来，碰见夏衍了。“你也在这儿？”我说，“我休息一下，我不知道你来。”我不想碰见这些人，就是给他说那么几句话。我并不是怕他们，不是这个，我就觉得太影响他们工作。他不是也到我家去过嘛，他也知道我的情况，我也没找他。我应该找他，也许这个（党籍）问题早就解决了。但我自己觉得太不愿意麻烦他了，就觉得北影厂是我的组织，他不是我的组织。但他可以证明，这个当时没想到，自己耽误自己。（笑）

从会计到演员：《吕梁英雄》

陈：您在北影厂的第一件工作，是《中国民族大团结》[①] 剧组？

黄：对，做《大团结》那个剧组的会计。当会计的时候，就住在北京饭店。就是国庆节那天，我见了两个人，一个是少奇同志，一个就是毛主席。我是走到楼梯上，就碰见毛主席了，我赶快下来，站在凳上，等他上去，我都没敢去握手。后来觉得真傻，特激动，想说话，就没敢说话，就怕耽误他事，赶快走了，不是一个一个楼梯走下来的，是两步三步就走到下边了，想想很是遗憾，也没有说句"毛主席您好"，什么都没说。（笑）少奇同志是怎么遇见的呢？就在看的时候，[②] 少奇同志在那儿站着，我也不知道，我就站在这个边上，看旁边是个高高的人，他回头看了我一眼，我就想，这不是少奇同志吗？认出来了，但是也没说话，就这样亲眼见到了他们两位。

陈：那时候住在北京饭店，是干吗？

黄：会计，拍戏，拍他们吃饭，他们生活，他们的节目，到各个地方去拍。[③] 反正就是为了拍戏，找他们活动的地方，拍舞蹈什么的。我一直跟着这个剧组，跟着他们走。

---

①《中国民族大团结》，纪录片，3 本。该片是 1950 年 10 月 1 日，中华人民共和国第一个国庆节的纪录片，由北京电影制片厂摄制（当时中央新闻纪录电影制片厂还没有成立，新闻纪录片主要由北影新闻处摄制），该片由摄影师吴立本担任总编导。

② 在那儿看，当是指看民族联欢会的现场。

③"他们吃饭……"，当是指参加 1950 年国庆节的少数民族代表们在北京的生活状况。

陈： 后来就参加了《吕梁英雄》[①]？

黄： 嗯，《吕梁英雄》来了，那我就积极要求上戏。干这个的，这是正业，对不对？我应该是搞正业的，对吧？这个是吕班导演，吕班和我，最有意思的是什么？吕班的妹妹跟我特像，长得像。他就说，你跟我妹妹一个样，太像了，太像了，就这样子，每回都说这个。我曾经用过一个名字叫黄翠琴，换一个地方换一个名字，他就老叫我“翠琴、翠琴！”（笑）他是很好的一个人，特别坦率。

陈： 当时上戏的具体程序是什么，是导演来挑吗？

黄： 导演挑，导演到剧团来挑演员。我是演一个年轻的，[②]一开始是地主的儿媳妇，丈夫没有了，好像跟公公手下的人，就是管家之类的有点暧昧关系，这样子的。戏不多，也没有什么地方表现，就是说说台词，有时候眼神看他。

第一次拍戏，导演也说过了，什么中景、近景、特写，这些他们都教我们，还知道有这些东西。远景的动作可以大一点，近景的就不能大了，大了就假了，动作是不能用舞台动作，自己就特别的松弛，忘了这方面。第一场戏，拍一个什么镜头呢？拍逃到山上去，我第一个镜头就是拉着驴——我家有驴，是地主嘛——拉着驴上山去躲日本人。我也不知道镜头在哪儿，我从来没弄过这个驴，我怕它踢我，我真害怕。（笑）拉着走吧，我就这么拉，累得要命，真是累得要命，咱不懂它的话，我就拉得很费劲。等到后来一放出来，原来是个大远景，因为远景，人太小了，后来找到驴了，才找到我自己。（笑）

陈： 多长时间才适应那个摄制组？

黄： 慢慢、慢慢地。那时候我们老看回放，那时很认真，谁都得看。后来慢慢的就是主要演员看，主要演员的戏他注重，我们这些群众，也就这么地了，好坏也就过去了，所以不是每次都能看。看这个的时候，能看出自己很多毛病，就是舞台腔、舞台动作，自己对这个人物，有些

---

①《吕梁英雄》，故事片，北京电影制片厂 1950 年出品，编剧：林杉（根据马烽、西戎小说《吕梁英雄传》改编），导演：吕班、伊琳，主演：李百万、郭允泰、蒲克、李景波等。

② 黄素影在《吕梁英雄》中扮演康儿媳。

感觉就觉得不合适。慢慢导演就跟你说，这个近景，你可千万别动作大，要不然你一动就出去了。当然也没有什么太大的，一般是中景，中景也不要动作太大，就这样子的。另外就是说那种镜头感，从前不知道镜头，不知道那个镜头感。有些人到现在也没有镜头感，本来就是很顺的，一转身，你就拧着干，镜头看不清楚你。但是有的人，为了老要追镜头，你不该看镜头，你看镜头了，那也不好，就不生活了。

陈：在这个摄制组，您还有哪些难忘的经历？

黄：我们上吕梁，体验生活的时候。那个时候有位赵老师[①]，他是我们的特约演员，外边请来的，山西省的，都叫他赵老师，因为他是教过书的，到了那些地方，他的学生有当了这个的，当了那个的，找人帮忙都很方便的。他忽然间想要请人家吃饭，当地的厨子不会做，就只能蒸蒸馒头，做点大锅菜。要想请客，怎么办？我就说我来试试吧，我来做几个菜，看看行不行。其实我在家里头不会做菜，但是我妈妈老是说女孩子家要会做饭，你的命好，你能有个人给你做；你命不好，你就没有人，不得自己做啊？所以我从前有时候看她做饭，她告诉我这个菜怎么做，我就下意识地记住了。我就想，实在没人做了，我就做做试试吧。结果他很满意，我做了十几个菜，真的是一桌菜，我自己不知道我怎么做的，糊里糊涂地自己就做了一桌菜。生平第一次，也是最后一次。这就是说，那时候我们什么都干。有些群众戏，要带着群众表演，告诉他这个戏，咱逃难了，咱可不能笑。那时候好啊，那时候群众，你告诉他，日本鬼子来了，你逃，你想想，从前你怎么逃的？他就能够抱着鸡，抓着一个什么东西，自己都解决了，道具什么自己都解决了，他就觉得要帮助演好这个戏，什么东西他都有，什么都带着，抱着鸡的，挑着担的，带着孩子去逃难。我们告诉他不能笑，千万不能笑，这个东西贵，这个戏不能笑，你想日本鬼子来了，你想想那个时候心里多紧张啊？都跟他们说。所以那个时候有生活，人家群众有生活，他就是按照他自己生活来做。那时候群众演员真是很好的，那个时候他们不要钱，就是队长带

---

① 赵老师，指的是赵子岳，他在《吕梁英雄》中扮演康天成。

着，演完了回家。有时候也许吃点饭，记不得是不是有盒饭吃，不知道到底是怎么吃饭的，这个记不住了。

陈：您在吕梁体验生活，生活习惯吗？

黄：习惯。反正我们都学当地的话。我从前学方言的能力挺强的，到了哪儿，我就学哪儿的话。有的人就拿拼音拼字，他们说头疼，就说“得脑疼”，“得脑”就是脑子，“得脑疼”。（笑）那个时候还真能随便跟他说说话，说他们的那个吕梁话。

其实我是南方人，我喜欢吃米饭，但是它那个地方就会做馒头，我都吃，棒子面我也吃。但是基本上没吃过什么棒子面，人家都还是给我们做好吃的，都是优惠的，拍戏要支持，把最好的东西拿来给我们服务。

陈：那时候出外景有补贴吗？

黄：出外景好像有补贴，有几毛钱的补贴，我们自己带 12 块钱的伙食费，交到组里头。组里头组织伙食团，请人来做饭。补贴大概是每天 3 毛，不发给自己，就补到伙食里。在摄制组我管伙食账，谁因公出差，我还把钱退给他。公事出去，就要退他的伙食费，私事出去就不退了，就在大伙里头吃了。好像是，我记不太清楚了。反正很多戏我都跟会计打交道，他们总找我来管伙食。还有，有的时候组里头有点事，我记得，化妆她们那时候都年纪轻，就怕耽误事，睡不好觉，我说你们放心，我来叫你们。到时候我就起来，给她们摇醒，帮她们打汽灯——那时候没有电灯，帮她们一块做这些事情，这是吕梁的生活。

那个戏以后，赵子岳就调到北影厂来了。还有一个赵子岳的消息，好玩的。因为是第一次拍戏嘛，胶片很贵，他都知道。他是个慢性子。他有一次表演逃难以前训话，说很长的一段词，说着说着，他说：“哎呀，怎么搞的嘛，怎么忘了？”机器还开着，把我们乐的。这就是赵老师的笑话。赵老师有好多笑话，真的，后来他演过我儿子，我一看见他，我就不相信，他比我大 10 岁呢。拍戏的时候，我只能说“你快走，你快走！”叫他快走，他是铁匠嘛——《一贯害人道》[①]，李雨农演我那小儿子——

①《一贯害人道》，北京电影制片厂1952年摄制，李恩杰、王光彦导演，黄素影在其中扮演铁匠母亲，赵子岳、李雨农分别扮演铁匠兄弟。

他就慢慢地走。我一看见他，我就想笑，没有办法，我就说快走，自己一直往前走，不看他，不看他我就不笑了，演戏的时候有这种不得已而为之的事情。(笑)

陈： 您演过《儿女亲事》[①]，还记得吗？

黄： 一点儿记不得了。

陈： 杜生华[②] 这个导演，您还记得吗？

黄： 记不得，也许后来就离开了，走了也没有联系，就不记着了。

---

①《儿女亲事》，北京电影制片厂1950年摄制，杜生华编剧并导演，黄素影在其中扮演张寡妇。

② 杜生华（1926—），山西榆次人，1938年参加八路军，1947年参加西北电影工作队，曾任东北电影制片厂新闻片编辑、北京电影制片厂纪录片编辑和故事片副导演，编导过《儿女亲事》等，1953年调任上海科教电影制片厂，任导演、副厂长。

《新儿女英雄传》及其他

陈：说说《新儿女英雄传》？

黄：《新儿女英雄传》也就是一场戏。让那个人替我写封信，给谁也不知道，你记得吗？[①] 我上她那里写信，结果谢添扮演的那个人找她去了，我就退出来了，就这一场戏。剧情都记不住了，就知道演员有谢添、姚向黎。那个戏，当时把我叫过去，也是提前把那个台词给我，剧本好像没看见过，后来放的时候我也没看见。大概这个里头我还演过一个群众戏，好像是逃难什么的，就记不住了。

陈：您演老太太，当时有心理障碍吗？

黄：没有什么障碍，人家老找我演老太太，我就演老太太吧。一开始演那个《吕梁英雄》，那是小媳妇，后来都是老太太。再演小媳妇，就是后来大金牙之类的。

陈：对史东山导演有没有印象？

黄：我就知道史东山很认真的，很凶，哪个做得不好，他马上问怎么回事？拿着大话筒哇哇地叫，不是现在那个对话机，当时大喇叭哇哇地叫唤，特别地认真。后来他就死了，到底怎么死的[②]，我不知道。

陈：如果只演一个镜头戏，会上演员表吗？

黄：原来没有，我记着那时候演过片子没有名字，没上演员表的。有台词的角色也没有注意到有没有，我记着好像没有。（大笑）

陈：当年您演这些戏，戏多戏少您在乎吗？

---

①《新儿女英雄传》，北京电影制片厂1951年摄制，史东山、吕班导演。在影片中，姚向黎扮演杨小梅，谢添扮演杨小梅的丈夫张金龙，黄素影扮演李大娘。

② 史东山导演于1955年2月23日自杀身亡，但当时公布的消息是“病逝”。

黄：我一点不在乎。我就觉得这是个工作，他让我去我就得去。我这一生，只有两个戏是我自己要的，一个就是广西的一个戏，叫什么，广西革命者叫什么？

陈：韦拔群？《拔哥的故事》？[①]

黄：《拔哥的故事》。那个戏是在广西拍，那个时候我女儿和女婿被弄到广西去了，就在桂林，我们就想找个机会看女儿，这是一个。还有一个李亚林的片子，叫《孔雀飞来阿佤山》[②]，那个是李亚林来找演员，我就跟李亚林说，我想上四川去，因为我抗日战争时期在四川，我说我一直都想回四川，正好你拍这个戏，给我找点戏啊。就这两个戏，其他的戏都是听分配，有话的、没话的，全是听分配。群众戏——有些群众没戏，就是逃难啊，乱七八糟这些，群众让敌人绑起来这种戏，一句词没有的——这种戏，我都上。他只要叫我去，我就去。没有说他当演员、我当群众演员所以我不干，没有，我就觉得这就是工作。就是现在也是，你如果让我去演个群众，我也去。

陈：下一个是《龙须沟》[③]。

黄：《龙须沟》我演一个老太太，龙须沟边的房子要拆掉了，这个老太太舍不得离开那个旧屋，不愿意走，后来有人背我出去了。下了雨，刚背我出去，那个房子就塌了，就是那么一点戏，就那么几个镜头。反正我到那个地方去过，现场去过，但是没有实景拍摄，外景搭的棚。也许错了，我记不住，我觉得，我没有到过龙须沟那个地方去拍。

陈：您对冼群导演有没有特别印象？

黄：冼群特别风趣，这个人一直在人艺，他后来跟谁结婚了，忘了。他原来的夫人跟我还特别好，经常来往，后来我们都退下来，她有几次到我们这里来，我也去看她。后来她死了，住院以前我们还来往。冼群的爱人，也是很好的演员，舞台戏演得很好、电影也很好。

---

①《拔哥的故事》。北京电影制片厂1979年摄制，成荫导演，在演员表上没有查到黄素影的名字。

②《孔雀飞来阿佤山》，峨眉电影制片厂1978年摄制，张其导演，李亚林主演，黄素影扮演莫堆大妈。

③《龙须沟》，北京电影制片厂 1952 年摄制，同名舞台剧改编，冼群导演，黄素影扮演孟大妈。

《祖国的花朵》及其他

陈：1955 年你在长影演《祖国的花朵》[①]，还记着吗？

黄：可能我们在 1953 年拍的。[②] 剧组到剧团找人，把我找上了，这样子。就是长影开介绍信到我们北影来，到北影厂以后，北影厂里头通知剧团，就到剧团去选人。有时候导演去亲自看，有的是导演自己定了名单，让编辑们去联系。[③] 那个时候要劳务费，他们要交劳务费。找这个演员交多少钱，多少钱我不知道，反正他们要交钱给北影厂，才把人放过去，工资好像不是他们发。

我那个时候带着孩子，都住到长影，就是现在这个，[④] 他是 1954 年生的。这些孩子们就来跟他一块玩，就离着近一点。导演是严恭，严恭是早期就在上海搞电影，他是红军干部，红军干部待遇，现在还在南京，他大概比我至少要大 4 岁，好像是，快要 100 岁了。他现在住在疗养院。原来是每个礼拜六回来，在家里过礼拜天，他的保姆非常会做饭。这个保姆一直给他管家，很好的一个人。他爱人走了以后，他就一直没有结婚。他确实很文气的，很不容易发脾气的，很好、很好的人。他对演员表演也不是那么苛刻，他很温和的，轻着跟你说。孩子们到现在一直也跟他联系。前些日子，大家聚了一次，严恭还来，都叫严恭叔叔。

这个戏，我体验过生活，体验生活在北京。体验过生活就回到长春去，

---

① 《祖国的花朵》，长春电影制片厂1955年摄制，严恭导演，黄素影扮演江母。

② 此处记忆有误。下文说她拍戏时带走儿子孙铜，而孙铜生于1954年。

③ 按惯例，应该是副导演或制片主任联系演员，而不是剧本编辑去联系。

④ “现在这个”，是指在采访现场的孙铜，他和父亲母亲住在一起，照顾双亲。

还跟他们在一块，跟他们在一块玩啊、闹啊。到长春以后，孩子们[①]都住在一个地方，住在什么地方现在都忘了。就是很接近，孩子都挺好的，都特乖，都阿姨叔叔这么叫，一直到现在见了面还都挺亲的。那个时候体验生活，在一块的时间比较多，孩子们感情也是在那里培养起来的。要不然的话，都是各地方找的，不是一个学校，同学之间，谁都不知道，他们就是靠这个体验生活，从前体验生活时间很长的。我看看，他们恐怕至少有三四个月在一起，你可以问他们。

陈：您演话剧《雷雨》《北京人》，有什么样的体会？

黄：从我自己感觉，演舞台戏是很能提高自己的。因为你排戏啊，它是每天一个样，要每天自己有新的发现，有的时候发现自己这么演更舒服，所以就觉得舞台戏锻炼人。电影呢，是没办法的，它是所谓遗憾的艺术，拍完以后再不能做了。人家外国可以，人家有钱人说我这个戏不行，重拍，我自己出胶片，咱们演员都穷光蛋，也没法，只好这样了。总之有后悔的。因为电影里头要生活，所以要避免自己的舞台痕迹，舞台腔啊，这些都没有，都比较生活。我觉得我自己没有舞台腔，一直很生活，因为我没有学过表演，就凭着自己感觉，声音比较自然一点，比较生活一点，就这个。没有什么。

陈：《雷雨》《北京人》您演的角色是什么？

黄：《北京人》没演过。好像演过《雷雨》《日出》。《日出》我是演第三幕，翠喜。《雷雨》演鲁妈，还有什么？

陈：还有当时演外国戏，您参演过什么？

黄：对了，演那个《第十二夜》，我演宫女，也是场记——兼场记。

陈：话剧也有场记？

黄：有，等于把导演的话记下来，记下来完了传达给他们。

陈：演外国戏跟演中国戏有什么样的不同吗？

黄：有些，就是动作上，人家扩大一点。咱们说不是，就是不是；他们非得“嗯哼”这些。（笑）就这些东西变化嘛，没其他变化。人还是人。

---

① 孩子们，是指《祖国的花朵》中的小演员们。

外国人就是化妆化一点，但是生活总是生活，外国人也是生活，我们也是生活。不会太夸张。

陈：您对鲁妈这个角色，是怎么样理解的？

黄：鲁妈这个人物，我就觉得，在那个时代，她还是受老爷的影响，是有点文化的感觉，所以她是比较冷静的，什么东西都比较内涵的。她说那些话是指责，还是这个她有自己的感情？我觉得是指责的，我是这样想的。她自己是很好强的一个人，她不愿意自己孩子在这里，这是很自然的事。她受的罪，她不愿意孩子们受。她对她孩子隐瞒，她要强，她希望女儿要做个正常的人。排戏的时候跟导演也交流，有的时候导演是看了你的戏以后，他觉得不合适，他就告诉你；有的地方他觉得挺好的，就不说了。到底他同意我，还是不同意，我也不知道，反正我演了。当年是不是谈过这些东西？当年肯定谈的，但是我不记着到底说什么了。

在排话剧的时候，每次都是先把剧本拿过来，业余时间看剧本。到了一定时候要背台词，背台词就要把感情流露出来。导演觉得你合适，就不说话。有的时候你这句话的意思到底如何表现，他会说，就是沟通。先沟通完了，最后导演把自己的想法说出来。从前一个戏来了，大家在一起，我觉得你这个怎么、怎么着，我谈自己怎么、怎么地，你对这个意见是不是还有什么想法？提出来，我再考虑，大家一块儿谈。我也谈你，你也谈我，各个人都看了剧本，我觉得他是这样子，不是我的角色，但是我觉得他是这样子，都谈。谈了以后，就结合起来，以后导演他也提意见。后来就不这样了，慢慢都改变了。后来不怎么谈，也不在一块儿，自己就读自己剧本，自己念自己的词就完了。实际对自己角色应该有个总体理解，理解了它，你才能表现出来，到底这个人是什么样性格，应该什么样表现？我这个人不是喜欢写一大套、一大套的东西，我是把这个人物理解了以后，每一场戏我都有一个主题，比如她是愤怒的，一到了那场戏，马上提醒自己应该是什么情绪。全存在自己脑袋里头，现在没了。（笑）

《马兰花开》的大金牙

陈：1956年，您再度到长影去演《马兰花开》① ？

黄：大金牙。是个游手好闲的、贪玩的、多嘴多舌的人喜欢挑人家的刺啊，说风凉话。这个戏的导演，我记着是李恩杰。里头大概有上海的演员秦怡，还有一个谁呢，高什么？高博。他们俩我记着。我是南方人嘛，所以他们跟我关系也挺好的。我们也是体验生活，也到那个地方拍的戏，从西安过去往四川走的那条路，现在那个地方我都记不住了。是修铁路的地方，反正就是有工地，我们都住在工棚里头。工棚还是可以的，不是很烂，女同志住一个屋子，男同志住一个屋子。其他各个部门是各个部门，都住在工棚里头，还参与劳动什么的。

其他，就是生活上的开玩笑。有一天啊，我上男同志那个屋里去了，跟秦怡俩人上男同志那里，我忽然间想，他们男同志喝酒，我装我喝醉了去，行吗？玩玩吧！我就装醉了，有一个女同志洗脚啊，一看我这样子，吓得不得了，赶快洗完脚把水倒了以后就进被窝了。我装得像极了！（大笑）我成功了！我就调皮到这样的程度。那时候人和人之间的关系，就是这么好玩。

陈：金牙女人这个角色，跟您以前扮演的角色不一样吧？

黄：不一样。就是那么几个镜头，就是那点戏。我就是觉得，这个人一定是很散漫的，爱嗑瓜子，东说说、西说说，眼睛还不停要看看人，（笑）就这样子。自己想的是这样子，导演也同意这样子，所以就这么拍

---

①《马兰花开》，长春电影制片厂1956年摄制，李恩杰导演，黄素影扮演金牙女人。

出来了。我自己想试，就是想试。

陈：想试不同的角色？

黄：对，对。谢添有一次跟我说："我告诉你，你这个戏演得挺好的，这大金牙挺好的！"（大笑）我还没听见人家直接跟我说过这个话。谢添和我是很熟、很熟的，他很愿意帮助人。我心里挺高兴，我觉得我对这个角色摸对头了。（笑）有一次，还有一个戏，也是一个导演，忘了叫什么名字了，他告诉我，"以后你不要演这个戏！"我就说，怎么不好了？演戏就是演戏，如果你觉得我这个角色不好，你说我演得不对，这可以。你说不让我演这个戏，为什么不让我演？我是演员，就想多方面试试自己。我这次又演了一个破坏我自己形象的一个人，就是那个《鹿鼎记》，是张纪中的电视剧，我演老鸨。我就想演一个老鸨，简直魅得不得了，虽然老了，还要老来戴花那种。我想演。有一场戏我觉得我对她理解得最好，她说，女人就是这样，年轻的时候都是那种……人老珠黄可不就被人嫌了？这是她对自己一生的感慨，我好像理解对了（笑），我也是有过年轻时候，我也是个很美的人，就是感慨自己现在老了，不能比了。（笑）反正有一种欲望，想要各个东西都体验一下，是不是？各种各样的人物、各种各样的戏，我总觉得应该尝试多变的，不要局限一个类型。老太太有各种各样的老太太，有好的有坏的，我这个人好像狠毒起来差一点（笑），有时候觉得劲儿不够似的。我觉得不够，不知道导演是不是也这么看，要是不够的话，导演就要说话了，他没说话。他也许觉得这个角色没有什么了不起的，所以他没说，我真是没听过导演说过一声，你这个不对、那个不对，都没听说过。

陈：您演戏以来都没听说过吗？

黄：好像是。（笑）什么时候导演说，你这里稍微含蓄一点，他提醒，我就改。我确实是这样子的。这也是洪深对我的教育吧，就是说，你要听导演的。你如果不理解，你一定要自己琢磨，要把它理解了，才能做到导演的要求。导演是你的镜子，千万要记住这句话。剧本一定要看熟了，各个方面你都要了解清楚。我们排舞台戏的时候，我是一个字都不改的，一个字都不能错的，他说，你要尊重人家的劳动。现在有些戏，表演不合适的时候，演员现编词，我确实要跟导演说，你要得到导演的同意。要说这话不太生活，也许角色并不是很有文化的，她自己说不出那种文绉绉的话来，应该生活一点，成为人物性格语言。所以我要想改，我就跟导演先说，导演，你觉得怎么样？他要觉得好的话，他就同意。也很可能随便，就这样吧，我就只好根据导演说的去做。不过一般导演能改的时候多。

陈：接着您在长影演了第三部戏，《妈妈要我出嫁》[①]？

黄：忘了怎么回事了，就知道是刘世龙演我儿子，别的什么都不记着了。刘世龙我记着，为什么记着？有一次我上长影去，参加一个颁奖会，结果刘世龙就在那里，扑通一下给我跪下，"妈啊！妈啊！"（笑）叫得特亲，所以就感觉特别亲切。他们还给我颁奖[②]，刘世龙说："她演过我妈。"另外一个，叫什么名字我忘了，都是演过我儿子，也在现场。有一次有个什么会，我去了，一会儿来一个、一会儿来一个，都演过我儿子。

---

①《妈妈要我出嫁》，长春电影制片厂1956年摄制，黄粲导演，黄素影扮演明华娘，刘世龙扮演刘明华。

② 颁奖，是指1996年，口述人因出演《天伦》获得第3届中国长春电影节最佳女配角奖，在长春领奖。

主动要求下农村

陈： 1958 年您下放农村，北影下放 100 多人？

黄： 我不知道，大概是。反正我们那边也有好几十人，我们是两个地方，一个是到东北去的，另一个是江苏兴化，是让我们到下边去，到鱼米之乡去的。我觉得算是优待吧，我当时还那么想，规定 40 岁以后就不下放，我说机会难得，我正好 39，我一定要去。我是自己要求去的。

陈： 为什么自己要求下放？

黄： 体验生活啊！下去农村，和群众在一起啊！没有考虑别的。就考虑要去体验生活。毛主席都说，他们要不下去，拿着枪追着他们去，就这样的。这是很重要的事情，一定要去。所以就体验生活去了。学习那个文艺座谈会讲话精神，到群众中去。高高兴兴去了，穿着大棉猴，大概是阴历年前，我估计也就是 1 月多点，就是让我们下去过春节的。儿子孙铜 4 岁，都搁在家里了，所以我老头就说，上辈子他欠我太多，现在该还了。

去的时候正好要过春节。我们被下放到了县里头，县里正在开三级干部会议。忆苦思甜，我们就在这个时候排了一个戏，给会议表演，主题就是不能忘本。他们那是水乡，都是坐船，坐船到那个地方下来演出，演完了他们又派船把我们送到另外一个村里头，就这么走的，有的时候是白天演戏，晚上拆台，拆完台赶船，不耽误时间。

那个时候，第一次到那里去，最不习惯的就是满街的粪桶都搁那里。他不是开会人多嘛，都要撒尿，粪桶搁在那里。那里男同志习惯在街边撒尿，后来习惯了，看见前面有撒尿的，向右看。（大笑）开会在一个电影院，来开会的人挑着积粪带回去，农村那时候是这样子的。所以我们就只能这样。（笑）另外那里马桶是大缸，很大的缸上头搁一块板，好几个缸连在一起，男的女的都进，男的进去了，女的进去了，两人不在一块，但是还说话。觉得特别不习惯。

后来县里头把我们当技术人员，有什么技术活，插秧什么距离、什么间隔这些，都叫我们去学，学完以后再去教。我也去开会，路上他就撒尿，叫我，我就没理他，赶快走了。他回来说，老黄，为什么你不答应呢？就这样说我："你怎么不跟我说话啊？"撒个尿他也得叫我，他叫我跟他说话，我受不了，我得赶快走，当没听见，走了。（笑）

我们到乡下演出，有什么合唱啊、小戏、大合唱。（笑）都是搭船做交通工具。要是到船上去了，女同志小便都不方便。后来我们想了个办法，就是告诉男同志，我们要唱歌了，你们上前面走，我们在后边撒尿。晚上到底还是好，路上看不见，没有什么灯笼。我们要唱歌了，男同志就躲开，我们就在后边撒。（笑）女同志总是不方便。

还有一个事，我们有一次塌了方。舞台啊，就是拿木板搭起来的，唱着唱着，这边木头和这边接着的地方，"扑腾"，下去了。我是唱女低音的，站在这边上等着，"哗"一下下来，观众哈哈笑，指挥在那儿瞪着眼。我看着指挥瞪了眼，再一看，人没了，"哗哗"到了底下去了。（笑）第一个下去的，腿就崴了，大伙架着他上来。（笑）挺好玩的。

那时候出门就要走桥，有一个不会走桥的，一个男同志，是延安的，他不敢走那个桥。（笑）下雨天，他爬着过去的。那个桥就这么宽，也就这么大，旁边呢有一个棍子，拉根绳，这就算扶着，有的连这根绳都没有，就是这么空着过去的。因为有怕水的人，就有点担心。我开始的时候觉得宽点问题不大，稍微窄点基本有那个东西，我扶着可以往下走，我没有那种恐惧的感觉。有人就爬过去，有些人就是走得慢，或者大家拉着手走，也是特别锻炼人的。（笑）

水乡确实是水乡，但不是鱼米之乡。头一年他们报虚账，第二年把种子全都交了粮，他报多了。怎么办呢？老百姓没有粮食了，他就靠去买点杂的、瓜菜代。[1] 红萝卜是可以买到的，我是不吃红萝卜的，就是在那次把我锻炼得吃红萝卜了，现在也能吃红萝卜。下放的人搁在老百姓家里头，我们有一个人叫潘秋——爬着走的那个人叫潘秋——这个潘秋呢，最有意思了，他呀找了一个好像是富农家里头去住着。他原来挺富态的，后来就瘦了，为什么？他们跟他一块吃的时候吃粗粮，吃水泡饭之类的，水的东西，吃很稀、很稀的那种东西，给他吃这个，也没有菜什么的。等他睡了以后，他们家偷偷吃干粮。（笑）反正就是那样，后来我们就跟队长说了，后来换到贫农家里去。

陈：贫民跟富农，真有那么大区别？

黄：他就是舍不得给人吃啊！他自己要吃好的，不愿意给别人吃。其实就是小气，阶级真是，很清楚，贫农倒是很好，都想给你吃好的。我那个房东，她娘家姓黄，她儿子是队里边的会计，姓姚，大概是。我们两个女同志住她那里，我叫她姑姑，关系就拉近了，我们每个月给她12块钱，她拿12块钱的粮食给你。但是她没有粮食啊，她还没有给我们吃糠，瓜菜也要吃的。她就是靠我们这点粮食吧，自己也有一点，但是不多。我们去，有更多的米，她就尽量想做点好的给我们。后来宽松一点，可以买点东西，买点什么酱豆腐、咸鸭蛋这些东西，女同志可以买那个红糖，这个是保养的，是必需品，男同志也有人吃，买红糖吃。（笑）因为没有别的东西，他觉得要补补，心想，女同志能补，我也要补，那个人脑子大概有点问题，还有他的笑话。（笑）

县里头还经常开会，农业知识培训，我们就去，当代表去，到那里改善改善伙食，我们那时候就叫“追肥”。（笑）上来追追肥。（大笑）当年到“七一”那一天，我们要求放假，党的生日放假。他们也同意放假，结果我们就离开我们这个村，到另外一个县里头去吃饭。其他和我们一样下放的，也同样放假，也同样到那里去了，大家都聚在一起了。大家都认识，乐得啊，都上这里“追肥”来了。（笑）

---

① 瓜菜代：是三年大饥荒中出现的新事物，即以瓜果、蔬菜代替主食。饥荒最严重时，农村已经很难找到瓜果、蔬菜了，只有稻秸、树皮、玉米芯、橡子、观音土、小球藻等“代用食品”。

有好多事情，挺好玩的。我们有一次出去开会，看完戏，晚了，走走就迷路了。最后好容易走到一条河，它有条船，上了船以后，我们就赶快拉绳子，怎么也拉不动。船又漏水，我们俩女同志就排水，一个男同志就下河拉船。最后是怎么回事呢？那个船是有绳子拴在那，你把绳子弄开，船就过去了。绳子没解开，所以动不了了。最后就下河，走啊走啊，好不容易爬上去，浑身都湿了。后来人家告诉我们，你们大概没把那个绳解开。(笑)反正农村的路啊，确实是很多、很多可以走的。咱们就是不会走，走到那里，就反着出去了。

陈：在兴化办艺校，是什么时候？

黄：艺校是后来他们想到，我们是不是帮他们培养一些艺术人才？就弄了一个艺校，就在我们兴化县。艺校大概是1958年7、8月的时候办的吧——是农闲的时候，大概9、10月的时候，那时候他们正好在种这个菱角。本来在县里头办了一段时间以后，区里头说了，别在那边办了，就到扬州办吧，所以在扬州接着又办。

陈：兴化那班带过去，还是算毕业了？

黄：算毕业了，又来一批人。学生的照片也好多，现在也都不知道上哪去了。

陈：艺校的主要科目是些什么？

黄：就是说说表演啊，我也不是个科班出身，也没学过这些，有几个人也都不是。就一个是电影学院毕业的学生在里头。反正按照表演的课程，学点普通的。我们到扬州的时候，就连杭州的人都上我们这来学习。杭州带队的人，原来也是中华剧艺社的同事，我说你怎么来了？他说我跟着学生一块来的。他是科班出身。后来到11月，我们头——汪洋就回来了，有些人陆陆续续地就走了，从那以后，就准备回来了。

我离开兴化的时候，到老乡那里，他替我种的菱角①，在那保存得很好，给我煮啊，吃啊，我哪能吃得动啊？吃不了那么多，都给他留下了。那个房东特别好。给我种完了以后给我收，收完以后搁得好好的，等我

① 是指下放干部出钱，让当地农民代种菱角。

回去吃。我回到家的时候，大概快要过年了，我是最后一个离开的。厂里那些人都回来了，我是最后一个回来的，那时候好像也觉得这都没什么。

在兴化的时候，我们一个导演，就说咱们是不是也拍点戏啊？也不知道怎么弄了点胶片，也弄个摄影机，我们扬场劳动，拍了一点。像纪录片一样的。但是现在不知道有没有那些东西。这个导演现在也死了，我们也没问这个事，也没放给我们看，但是我记得好像拍过一个这样的东西。

陈：这个导演是谁？

黄：两个字[①]，我忘了。反正这种东西，到底拍了多少也忘了，好像记得有，但是没看过。反正我们那帮人里，还有人在。我们演员基本死得差不多了，有个美工还在，可以问问他。叫什么来着？叫莫克展[②]，你先记下这个名字，莫仁楫[③] 跑到广东去了。

---

① 黄老师后来想起来了，所说的导演是魏荣。

② 莫克展：（1930—）广西阳朔人。擅长水彩画、电影美术、中国画。1949年考入“广西国立艺专”，1953年又入中南美专，1956年毕业于中南美专，毕业后分配北京电影制片厂从事电影美术设计。历任北京电影制片厂美术设计，高级美术师。

③ 莫仁楫：电影美工，曾任1963年《锦上添花》的美术。

《探亲记》及其他

陈： 回来以后参演了《探亲记》这部片子？[①]

黄：《探亲记》是谁演的来着？有王人美、里坡，我是演他的保姆。那大概是 1956 年拍的。

陈： 1956 年拍的？怎么到 1958 年才出来？

黄： 谁知道？他发行啊，总是要改，不清楚。反正我是演保姆，抱着那个孩子，主人不在家，我的主人对我不是怎么太照顾，我孩子病了，我想去看病，他不太高兴。后来那个老爷子，上海那演员，就是主演那老头，演《祥林嫂》那个里头的丈夫那个，贺老六（演员魏鹤龄），化妆都能睡着的。叫什么？特别熟，后来年纪也大了，他就来找谢添，他跟谢添特好。那时候他中风了，说话都不太清楚，"我要拍戏，我要拍戏！"还想拍戏呢。他弟弟住在北京，离我们那挺近的。

这个戏是讲，这个老爷子的儿子是部队的，已经死掉了，他儿子的战友就始终给他寄钱或者写信，替这个儿子养老。

陈： 您在这个摄制组里还有什么比较难忘的？

陈： 这片子的剧情是经过修改的吧？本来说的是，他儿子当干部变质了。

黄： 对对对，原来是这个，所以为什么开拍的时候不行？最后换来换去，只能这样换，最后变成这样了。演他儿子的是张平，桑夫演的是

---

①《探亲记》，北京电影制片厂1958年摄制，谢添、桑夫导演，魏鹤龄、张平、里坡、王人美等主演，演员表里没有出现黄素影的名字。

他儿子的战友好像是，记不住了。[①]

陈：1959 年，北影厂开始划分“四个创作集体”，您还记得吗？

黄：我们演员没有划分，是一个单位，他们哪个组要人，就上我们那找。

陈：您和同事们对“四个集体”的看法是什么？

黄：这几个人有很大区别。到底怎么样的区别？每个人都是特别敬业的人。那个导演，水华啊，有一个戏到海南拍的，大概拍了两三年。他拍戏的时候，一个镜头拍完以后，他向来不是说马上就让布景这些人动，都没声音，他一个人坐那想，都不出声，很安静、很安静。比如这个镜头拍完了，该是下个镜头，大伙要忙了，不，他在那琢磨。琢磨什么？这个戏拍的有没有不妥的地方？要不要重拍？考虑好长时间，想完了，好，拍下个镜头，大家动起来。

崔嵬不是。崔嵬完了就——“好，收！好！”水华是特紧张。大家等着他那句话呢，要憋好长时间。崔嵬是痛快极了。

成荫作风也是比较松弛。他特别对演员，绝没有大声过。开始也排戏的，挺温和的感觉，让你轻松，让你不觉得有压力。他给演员排戏，他跟你说话，都是很亲切，好像闲谈一样的，没有觉得“现在拍戏呢”，没有这样的。而且也是挺幽默的一个人，也喜欢开玩笑。

还有谁呢？谢铁骊呢，就是跷着个二郎腿，在那想问题。他是最准时的一个人。准时出发，出外景的时候，他上汽车，绝对得是前 10 分钟到那的，所以谁也不敢迟到。准时出发，落下一个人，他都不管，他就这么严。他也不发火，慢吞吞的，说话也慢吞吞的。他组里的人，没有一个不准时的，都准时。好多导演也准时，但没像他，提前 10 分钟到那儿坐着去了。（笑）而且他有时候经常是坐大车，跟大伙儿一块，他也不要单车这种的。

还有谁呢？——凌子风，那时他爱笑、幽默、活泼，一会说说谁，一会又说说谁，人很好的，合作得很痛快。

---

①《探亲记》中，魏鹤龄饰演田老耕，张平饰演田老耕的儿子三儿，桑夫饰演三儿的战友田刚。

《英雄岛》和《五彩路》

陈：1959 年您参演八一厂的《英雄岛》[①]，这个角色有什么特点？

黄：她等于是一个军属吧，老伴还活着。老伴是谁？是贾六，沈阳军区的一个演员。那个戏里头部队的人最多。杨静是我闺女，陶玉玲也是我闺女，我还有个儿子，是杨春年吗？[②] 不知道。还有一个儿子，这个儿子被抓壮丁抓走了，在台湾的。还有里坡，里坡演什么我也忘了。[③] 我们到了南澳岛，也到了前线大嶝、小嶝，体验生活。在大嶝岛上能够看到金门。一块去的就是我跟老伴、杨静，还有作曲，好像就这几个人。到了大嶝，当地部队的战士们有时候就告诉我们，说你们都戴着草帽——那时候天比较热——那边都看得见，他们就会猜疑，这是不是有什么首长来了？又有什么事了？又要琢磨了。我们也看得见他们。能够看得见。

那时候是定期，双日休息，单日放炮。有时候放那个宣传炮，发传单。也看得见他们那儿贴的传单，都看得见。我们都上岛上去，听他们放那个宣传炮，把耳朵震的，半天都醒不过来，老觉得里面嗡嗡的，听说话都"啊、啊、啊"，成聋子了。所以炮兵真是不好当啊，在里头真是够受的。

陈：这个戏的拍摄过程比较顺利吗？

黄：我们在南澳岛拍的。离得很远的，都是从厦门坐登陆艇之类的上

---

①《英雄岛》，八一电影制片厂1959年摄制，冯毅夫、史文炽导演，杨静、陶玉玲、梁志鹏、张怀志主演，贾六、黄素影分别扮演洪九叔和洪九婶。

② 演洪九婶小儿子洪亚狮的是梁志鹏，不是杨春年。

③ 里坡在影片中扮演将军。

那儿去。有一个化装师就晕船啊，（笑）一到船上就晕，晕得什么都不知道。那时候调皮，告诉他，只要东西吃了就可以不呕吐，结果他就吃，这个说好他就吃，坐在那都不敢下去，只要一下床，下到那个舱底下，他就要吐。坐那还是晕的，晕得不敢动。我们住在南澳岛，外景在那，内景在八一厂。

陈：这个片子有两个导演，冯毅夫和史文炽。

黄：对，冯毅夫是正的，大概，史文炽是副导演——是联合导演，他管演员多一点。这部片子表演不是特别出色，但是还可以。我的戏稍微多一点，比其他作品的戏多一点，但就是家里的戏多一点，其他没什么。我觉得这个戏，我演得不是怎么太有滋味。到底是什么样的出身，自个儿没想清楚。孩子们都是部队的，应该是比较进步的，但不是苦出身的，这个东西怎么表现它？有时候自个儿拿不准，而且这两个导演很好说话，也没跟我提出什么特别要求，我总觉得没演过瘾，觉得戏演得很生活，但是不够深。

陈：《英雄岛》剧组里还有哪些人和事值得说的？

黄：关系都挺好的。现在，史文炽，我有时候还给他打电话，他有时候开玩笑说，哎哟，你得了奖了，我不敢找你了。我说你别那么说了，说的我不好意思，我早就该给你打电话，否则的话你就不会有这感觉了。好多年没联系，后来他的孩子来了，说起来了，赶快把电话留下，我打个电话，这样的。

这个戏里有一个事。我们原来住在海边，没事我们就下去，我有时候高兴就胡来，就跳跳舞啊。因为住在海边嘛，就在沙滩上光着脚去玩玩，挺好玩的。有一天刮台风了，部队的人就把我们转移到他们住的部队的房子，他们这些人去拉练去了，在岛上拉练，我们就住他们那，离海远一点。台风来了，离这个海滩比较近的地方有一个枪械库，弹药得弄出来。那时候他们把我当成老人，说我不能提多的，我说那就提少的，那也不行。杨静就搬。挺紧张的，但是觉得好像挺好玩的，没有觉得特恐怖。

陈：1960年，您参演《五彩路》[①]，这个片子您还记得吗？

黄：《五彩路》，我没去西藏，我就是在北京。我们北影厂原来后边有一个外景地，就是在那么一个地方，摇的那个玩意[②]，不知道是什么，夏天大热天穿着个大皮袄，袖子弄出来，有味，有那种酥油味，特别厉害。当时穿着，里头出汗，又热又有味。（笑）

陈：您演藏族老奶奶，表演上有什么不同吗？

黄：这个没有，我还是当自己就是平常人。因为要弄这个（转经筒），所以有点障碍，这样说话，摇着不影响。也没觉得特别受罪，就是特热，热得浑身出汗，别的什么也没有。我也没去过那些地方，藏民的生活，我没去见过。后来我见过藏民。内容到底怎么回事我忘了。是两个小孩子，[③]什么样子，我记不住了，反正那两个小东西挺活泼的。

陈：导演魏荣您还记得吗？

黄：这个人挺好的。挺实在的一个人，他也不会客气，熟了以后什么话都说，没有什么隐瞒的。《五彩路》拍的时候，我们都认识，他就找我。那时候，他到剧团里要人，他说要谁要谁，我们就去了。我也不知道他为什么选我，这受罪的事，估计是因为我太好说话了，怎么都行，只要找我，我就去。有时候，人家说了找你，后来不用你了，也没事，我也不去问人家，不用我就不用我。

---

①《五彩路》，北京电影制片厂1960年摄制，魏荣导演，黄素影扮演桑顿奶奶。

②应该是指藏族的转经筒。

③《五彩路》中有三个小孩子，曲拉、丹珠、桑顿，分别由李墨丹、刘沛、俞启定扮演。

《暴风骤雨》和大饥荒

陈：下一个片子是《暴风骤雨》，[①] 您演田大娘。

黄：那年正是困难时期，浮肿。我们厂里办了一个浮肿病房。有些人在家里养不合适，就到那住着，我们交伙食费，住到一块，有人管着。有十几、二十个人吧，院长是我们医务室的主任，结果呢，管生活是我，住院带管事。（笑）

我住在那里头拍戏。他们上东北去，我也应该去的，但我没去。拍这个戏，我没在组里头待过。我住的地方，离拍戏的地方挺近的，到拍戏的时候，他就把我接了去——不是摄影棚，是搭了一个台子。

那个戏的导演是谢铁骊，他啊，对演员要求是，你自己琢磨好，你演一遍，他要觉得什么地方不对劲，他再跟你说。有一场戏确实要培养好长时间的个人情绪，才能真正进去。他就等我，他说，你待会好了你就告诉我，要扭头说“好了”这样子。这时候我点头了，他就预备了，旁边来一个化装师，说要不要给她点点眼药？导演说，别说话，别说话！从没见他这么着急过，他心想好不容易培养好情绪，这不捣乱嘛！他绝对尊重演员。他理解一个演员培养情绪是很难的，不允许有杂音，那时候很安静很安静的，不能出声，当时有很多人啊，几千人，开会那个场面很大的。我就在上面，我觉得那场戏我是很下功夫的。但是我有遗憾，人总是习惯于眼神跟着动作走，瞎子应该不跟着走。我说出那个台词，拿出我闺女的头发，拿出来的时候，眼神跟着过去了，其实我也没看，

---

①《暴风骤雨》，北京电影制片厂1961年摄制，谢铁骊导演，黄素影扮演田大娘。

我觉得这点很后悔。但是导演没说这个。那个戏，杨静[①]和我两个人都是哭得一塌糊涂，都伤心透顶了，再重拍，出不来了。我觉得我确实进去了，我真的觉得心疼，那种感觉。所以谢铁骊一次过了，没有再拍。我觉得他了解我，他感觉到我能，答应了的事就一定行，他觉得很放心。

陈：三年困难时期，您和家人有哪些难忘的经历？

黄：没有，就是浮肿一点，也没怎么挨饿，我没觉得饿。浮肿就是因为吃得少，也没觉得特别饿。那时候最好笑的是什么？我有一个傻儿子，43 岁的时候死了，一直是癫痫病，有点痴，但是他有意识，是个好心眼。困难时期，保姆回老家去了，家里就没人了，就他一个人在家。那时候没办法，我就先买了火烧，中午的时候吃火烧，完了下午再做饭，菜是头一天就做好了，搁在那。结果一回家，那小子把好多小朋友拉到屋里头，火烧全吃掉了。他做的这事，我觉得挺好的，对朋友挺好的，但是粮票……所以，我跟他怎么说啊，我说你这样做挺好的，可是你知道吗，下回你不要这样子了！这个事是好的，但是我现在再去买东西，我上班都晚了，待会要受批评的，是不是？你下回可不要这样做了，等李奶奶回来——那时候我们的保姆叫李奶奶——李奶奶回来的时候你请人家吃可以，现在不行。

还有一回。困难时期，我们自个做饭，称[②]，真的，称完了包起来，吃的时候拆一包，都是按分量，还要比定量低一点，这样吃的。原来我吃两碗饭，后来吃到一碗半，后来一碗半再小一点，我自己减量。其他的孩子，基本按照自己的定量吃，这个小子不知道这个，他就吃，他也不问。有一天，他在那吃的时候，忽然间问："我吃够我的定量了吗？"我高兴，为什么？他居然知道定量了！有进步了，懂事了，谁心里都高兴，但是谁也没回答，结果就我回答了，我说你啊，早就吃够了。他听完了以后啊，他一个一个看，一个一个看，我们三个孩子，俩大人，加一个保姆，六个人，他看着其他的五个人，看完了以后，看看他的碗，完了他说什么？那我再吃一碗吧！告诉他吃够了，不行，他肚子饿，还要吃，

① 受访人纠正，这里应该是阎增和，阎增和扮演老田头。

② 大饥荒时，许多家庭做饭时都按每人定量做饭，所以做饭前要称米。

他就实话实说，我再吃一碗吧。把我们乐的啊，又好笑又难受。为什么难受？因为我还得少吃点。在家里，虽然是困难时期吧，好像笑话还挺多。

在家的话，不是一个人有豆子嘛，“糖豆干部”，还不到“肉蛋干部”。[①] 就有点黄豆，有点白糖，每月一斤黄豆给家人吃了，解决不了浮肿问题。另外我们院长[②]，他晚上回去，得找人替他，要找能帮上忙的人，就把我弄去了，每个人在那儿可以定量吃一些黄豆，要不然在家里，大家分着吃掉了，不解决问题。很多人浮肿了，都到那去，都在那吃。

陈：困难时期拍戏，在摄制组是不是可以多增加一点粮食啊？

黄：我没有，《暴风骤雨》那些人也不该胖啊，你想想，那时候部队多困难啊！特别是搞土改，跟老乡要过一样的生活，同吃、同住、同劳动的，他不能吃好，不然会胖胖的。现在有些戏，演员确实不行，逃难的全是胖乎乎的。那时候都是吃得不怎么太好，都瘦瘦的。现在有些人演戏笑场，为什么能笑场？因为没有经历。那时候的人有这个经验，笑不起来，怎么会笑？想着赶快跑，鬼子来了！现在有些戏，导演也难，因为没有生活，作为演员来说，他应该能够体会到这些东西，借助感情。

1961 年我们去延安，那年 12 月[③]，就改善伙食。我们到西安，一天吃的肉很多，天天换着吃的，最后有演出。演出完了以后到的延安，从延安又回西安。到底如何，咱们弄不清楚了，也记不得他们说了些什么。他们觉得你这种戏——洋戏，到那儿去演出并不合适，你要演一个别的也许好一点，跟生活接近一点的。当地人对我们特别好，伙食天天变样，好多人都不胖，就我和安震江两个人胖了。后来大家就说，咱下车的时候，你们俩先下去，你们是有良心的，吃胖了的。人家这么好的东西招待我们，结果我们也不胖，我们没良心，你们俩有良心。[④]

---

① 大饥荒年代，干部按照级别享受不同待遇，分发副食品券，高级干部每月有肉票、蛋票，称为“肉蛋干部”；中级干部每月有糖票、黄豆票，称为“糖豆干部”。

② 我们院长，是指前面所说的“浮肿医院”的院长，即北影厂医务室主任。

③ 1961年12月，北影演员剧团由副团长赵子岳率领去延安演出，节目有莎士比亚的《第十二夜》等。

④ 这一段是在后面说的，说的是大饥荒时期的事，编纂时调整至此。

《停战以后》和《锦上添花》

陈：下一个片子是《停战以后》[①]。

黄：《停战以后》那时候已经不怎么饿了。没什么变化，还是那样，我们好像减了点粮食，减得不是很多。这个戏好像我就是拍戏的时候去了，在厂里内景。我有这个生活，我们家不是有保姆嘛，（笑）保姆就是絮絮叨叨的，就这样。[②]

都挺好的，这几个人都挺合得来的，马精武那时候是小伙子，也挺谦虚的，别看他《风从东方来》已经拍了，但是他没有说自己是大演员，和和气气的，把我们当长辈，挺好的。秦文那个人也是老实人，也不是特会开玩笑什么的。就是导演比较风趣，我那时候遇到困难，是什么困难？切菜，录音啊，就怕这个，我切菜要切重了，板子声音太大了，有噪音。所以又要切，又要不出声，困难一点。有时候一边说一边自己还得想着，声音可以吧。好像慢慢切好点，练了几次又好点了。开始就为这个，老练、老练，我说先别弄啊，我练练这个声音，要不几次脑子都分开了，词和动作堆在一块了。导演说，练，练，没事，练。他能理解，他说练练，你是困难。同期录音，所以没办法，就是把板子底下垫点东西，上边不能垫了。反正是想办法，我这也轻一点，就这样。

我喜欢这个影片。确确实实把当时的情况反映出来了，物价涨得，买东西拿一包钱去。（笑）拿一麻袋钱去才能买东西，涨成那样子。这个

---

①《停战以后》，北京电影制片厂1962年摄制，成荫导演，黄素影扮演吴妈。

② 这段话的意思是，演保姆，她有生活经验，因为她家里就有保姆。

也说出自己的心声，也替观众说出自己的心里话，（笑）觉得挺痛快的。就像我后来骂皇帝似的——《微服私访》那个，就是电视剧[1]——有一个让皇帝给儿子写信，骂皇帝嘛，我一拿到剧本以后，我就跟张国立说，我说坏了，这个词越来越快，我也越来越快，痛快！

陈：接下来我们说《锦上添花》[2]？

黄：《锦上添花》，谢添是最会逗人笑的人，而且他是哪壶不开提哪壶。（笑）逗人啊。你有一个什么笑话，到时候非得曝出来，（笑）他也笑，你也笑，大家都笑，挺好玩的。这个剧组拍戏的时候，在外景拍的多一点。但是我只记得那个时候大家没事就哈哈笑，气氛特别松快。

但是拍戏的时候，还真是很严肃。有场戏是我给她（胖队长）梳头，送她结婚，我说过一句话："你走了，我心里不是滋味。"（导演）他让我说这个"滋味"时后边要出这个音，我就出不来这个音，后来他怎么着？他说不要，后来这个重录的，我说前面那句，后边那儿他给我加上的，我怎么也说不出来，他就非加。（笑）重录的时候，他自个加上的。

还有就是，赵子岳这个人啊，是特有意思的人，他的幽默冷不丁地出来。他带口音的，没事的时候，一说话就来一个口音，让你觉得可笑得很。人家觉得挺着急的事，他就慢腾腾的："哎——呀，你不要——嘛，没有关——系的啊！"（笑）他老是有一些笑话。

陈：凌元老师幽默感怎么样？

黄：这人啊，特别用功。感觉上，她好像是不太幽默的人，但是她有时候也很幽默。现在她耳朵聋了，有时候有点木，没听见你说什么，她也不好问，所以她就愣不唧唧的。实际上，她思维也很活的，在大伙一块的时候，她特别关心人。

陈：《锦上添花》成了喜剧经典了，我看过好多次。

黄：差不多。有些东西，现在看起来，有点生硬了。当时已经是不错了。很让人可笑的，特别是"麻花麻拧"那个台词。谢添语言上的风趣，

---

① 指的是电视连续剧《康熙微服私访记》，广东巨星影业公司出品，张国立、张子恩、孙树培导演。

②《锦上添花》，北京电影制片厂1962年摄制，谢添、陈方千导演，黄素影扮演铁英母。

特别厉害，他对相声特别有研究。他那个台词特别生活，而且很幽默，就这个感觉。他用功到什么程度？他拍戏，那部戏每一个镜头他都记得很清楚，他的设计都是按照自己的想法。有的时候忽然间在现场有灵感，他就加上，他就这样一个人，特别认真。这个片子不是有任务嘛，今年几部，最后差一部，完不成任务，他就来，很快，快手。他票房很好。他是好演员。他的戏越琢磨、越对劲。对这个角色摸准了，有习惯动作，自个都能琢磨出来。他就是不一样，他真是千面人，真是可以做千面人。他做导演真是得心应手，比如这个演员在这走，如果你有变化，觉得这儿好，他很能接受别人的意见，不是非我这样不行。他就是这样。

《小兵张嘎》：电影和电视剧

陈： 接下来就到《小兵张嘎》[①] 了？

黄：《小兵张嘎》，崔嵬大嗓门，嘻嘻哈哈。说是不让游泳，他自己先去游泳了，（笑）特别逗。在白洋淀的时候，不让游泳，怕出事，他自己去，他是青岛人，靠着海，他从小对海特别喜欢，游泳也好，他能踩水，他不怕。但是呢，规定不行啊。他是这样，他知道你能游的话，也就不管了，就怕出事，所以他禁止那些不会游泳的人去游泳。还有，是聂晶的摄影吧，他跟聂晶两个人都是很用功的人，聂晶是每个镜头、地位什么都画好了，跟导演沟通以后，导演觉得好，就是这样。每个场景自己都画出来，摄影机早就安好了，这个镜头拍什么，这个方向拍完了，拍那个，绝没错，接戏很容易。那俩人都很用功。崔嵬也是心里都有数的，但是他也是那种，能变通的导演。

《小兵张嘎》有一个划船上岸的镜头，我上了一个搭的竹子的跳板，先是这个，后来变成从边上上岸。我刚一上，这个脚一用劲，船走了，我还没上去呢，扑通，就掉进河里了。（笑）大家都笑啊，笑得不得了。最后又换了衣服重来，不要跳板了，从这走吧，就变成这样的了。

另外，就是我们那次体验生活，编席子嘛，那里的小孩几岁就会编了。我们体验生活，学半天，拉哪个、拉哪个，真是不容易。他们从三四岁就开始学编席子，所以他们很有经验，就像我们打毛衣，一边打毛衣，也不用看就打起来了，他们也是，熟能生巧。我们几天工夫学这

---

①《小兵张嘎》，北京电影制片厂1963年摄制，崔嵬、欧阳红樱导演，黄素影扮演杨大妈。

个玩意，那东西也不是随便就能上手的，还刺手，稍不留神口子就来了，不容易的。所以我们练啊，后来有个镜头拍，我也在那练，其实没练两下就说话，我说话也没法看，我就没法动，一动就得看。（笑）其实没有强调这个镜头，而且景别比较远，镜头不是特别近。

陈：几个小孩都很绝，嘎子，胖子。

黄：小胖墩也好。有的地方，有点做的、教的感觉，但是孩子们脾气应该是这样的。崔嵬啊，他有生活，他看见过小孩的生活，孩子打架啊，偷枪啊，他脑子里都有。他的东西都是很生活的。演嘎子的安吉斯他父亲是搞农业的，他妈妈是搞工业的，是于蓝给崔嵬介绍的，说这个孩子挺嘎的，崔嵬一看，就是他了，就这样找到他。我现在跟那个里头的孩子们还有联系。

陈：现在有个电视剧《小兵张嘎》[①]，您看吗？

黄：这个别说了。我一看那孩子就不行。那次我一看见他，那孩子像什么？他是学武丑的，不是孩子，太成熟了，孩子气没有了。做出的事情，好像有计划做的，不是孩子天生就有的，那种感觉。他头一天跟我一块拍戏，我就觉得这孩子太成熟了，有点像要把戏的，不像个孩子。像马戏团里的小丑，不是孩子的思路，是大人的思路。

陈：您也参加了电视剧的拍摄？

黄：没办法了。我说我从嘎子的房东，变成奶奶了，应该是从大妈，现在变成奶奶了。那个戏找到我了，没办法。

陈：您觉得这个嘎子不太合适，有没有跟导演说？

黄：没有说。人家都拍了，你去给人说这个，不是给人家添乱去嘛？！已经拍了不少了，现在成本那么高，何必窝人家心啊？那就没意思了。而且说老实话，现在重拍的那些电视剧，没有一个好的。没有生活，确实没有生活。

陈：电影《小兵张嘎》的另一个导演欧阳红樱，您有什么印象？

黄：她是个女的，人挺好的，很平易近人。那年是我妈妈死的那年，

---

① 20集电视连续剧《小兵张嘎》，2004年首播，徐耿导演，谢孟伟、杜雨、张一山、王莎莎主演。

我在《小兵张嘎》外景地，我妈妈病了。头一天打电报，病危呢，组里头接到电报以后，没跟我说。欧阳红樱不是导演嘛，跟我们比较近，睡在一块儿，她就没告诉我。因为没有车，那个车没回来，她就不告诉我。第二天车来了，她告诉我，你妈妈病了，快回家看看去吧。怕我着急。她很细心的。后来她曾经问过我，那天有什么感应没有？我说，没有什么感应，也没睡不着觉。那时候拍戏也挺紧张的，没有觉得有什么事啊。我妈等了好几天了，等着我去看她最后一眼，没等到，她死了。我在门口就问，我妈怎么样了？保姆说她已经走了，我一下瘫到那儿了，我是被架着回家的。一直哭到家里头，最后见了一面，死了的面。我在家里头，陪了我爸爸 10 天。后来他们要拍戏了，给我打了电报，我才回去。回剧组以后，遇见大水，白洋淀发生了水灾，我们演员住在最高的地方，要把它挖掉放水，要不然要发生大灾。那时候电话打不通了，没法联系了。他们以为我们遇难了，要给我们开追悼会。后来不知道怎么的，我们让船弄到天津去了，这才打电话告诉他们。

陈：《小兵张嘎》后，到 1966 年，您还拍过别的什么戏吗？

黄：后来就没有什么戏了。那就没事了，整天运动了。我也出去搞“四清”了。

陈：“四清”您是去哪？河北邢台、山西长治？

黄：是山西。① 那个地方啊，猪肝、肚子里的东西都不吃的，有些人在屠宰场搞“四清”，工作队的人，把那些东西要回来，自己做着吃了。（笑）

到了苏店，我就被分到这个队去了，我忘了现在是多少队了，反正那个队里头有一个地主，是当军人的——国民党的军队。但是听那个意思，好像思想上还不是特别倾向于国民党，就是这样的一个人，一下子就是地主了。他腰板也挺直的，虽然不是太敢说话，一会儿就得揪他出来，所以他不敢。

我们的工作就是动员搞“四清”。我们对地主，或者什么，没有什么

① 此处记忆可能有误，黄老师参加“四清”时曾遭遇地震，推测她是去河北邢台地区。

逼供信，叫他们谈实际情况，该怎么的怎么的。孩子，可以教育好的孩子嘛，他的下一代，那我们就会问：你怎么不念书？他不愿意念书。为什么呢？到学校他就是狗崽子，心里头也压抑。那孩子就是特别不爱说话。我们这些人有时候就接近他，也告诉他，你出身没法儿挑，你应该自己能好好学习，能做一个有用的人。我们把书借给他看。我们对他们都挺好的。贫农也很高兴，对这些人都没有那个逼供信的事儿，不会有冤枉的事儿。他们对你特别好，都是把那好的东西，面啊、米啊，都给我们留着，最后派到他们的时候①，好东西自个不吃，留着让我们吃。那地方确实是，吃肉也挺少，有点荤的吧，就留着了。

我们住的那个地方，是一个挺大的院子。没有跟老乡住在一起，没有在一个炕上住。这个也是老乡家，但是他给你一间屋子，我那间屋子是靠一个大房子旁边，它原来的厨房，是搭的，这么斜坡的那么一个，在房子旁边又是一个比较简陋的房子。所以地震的时候，② 动静没那么大。但是也有动静，我们俩就睡在一个炕上，那天感觉是什么呢？就好像她推我一下子，她觉得是我推她一下子，俩人都说："你推我干吗？"后来看那个灯晃悠了，坏了，地震！我们俩就出去了，站着好像就晃晃悠悠的，动静不算太厉害。

---

① 派到他们的时候，是指当年干部下乡，吃饭都是由村干部分派到农民家，俗称"吃派饭"，一般情况下，是在贫下中农家轮流安排，不长期在某一家用餐。

② 地震的时候，当是指1966年3月8日，河北邢台大地震。

拍《海霞》

陈：您从干校回来，是因为要拍摄《海霞》？[1]

黄：陈强也在《海霞》，赵元、我、阎增和、陈志坚，第一次去。凌子风上福建了——上广州了。

陈：抽调让您去拍电影，其他同事羡慕吗？

黄：当然羡慕，肯定会有羡慕的。这个好，脱离苦海了。我并没有觉得这是苦海。出去拍戏，又工作了，那等于是又有贡献了呗，不是白吃白喝了，对不对？干事儿了，心里挺高兴的。但不是说可算离开这个苦海了，没有这个。我就觉得在那儿，人和人之间的关系这么好，挺亲热的，反正不是那么痛苦吧。至少还有惦记，出去以后……还经常想着这个。（笑）陈强不是也在那儿？我们这几个都在那儿，阎增和是演我丈夫，他演我好几次丈夫了，他比我小多了，至少五六岁。他也在那个组，他这个人太爱开玩笑。后来要批这个的时候，就把阎增和弄得够受的了，不知道他为什么，忘了这件事情到底是怎么回事儿了，说他去游泳啊，还是说他去干什么去了。还有一个王苏娅，是外请的，我们讨厌她什么呢，一个演员演戏，这个角色是什么样的，你就应该是什么样的，是个朴素的女民兵队长，她不会爱打扮。她化完妆以后，她照着那个玻璃窗，她也有镜子，就把眉毛化得……她要漂亮。我们就反对她。大概陈志坚跟她开了个玩笑，她就去告军宣队去了，军宣队勒令陈志坚做检查。

陈：摄制组有军代表？

黄：有军代表。那时候不是厂里头军宣队进来了吗？军代表就跟着

---

① 1973年9月，凌子风导演受命拍摄《海霞》，由于种种原因，拍摄任务没有完成。

去了，跟着下组了。

陈：蔡明那时候是演小海霞？

黄：小海霞，孩子们是在另外一个地方住。反正我在那个组里头，除了演员以外，就是教孩子们读书，教文化课。他们都怕我，因为我管他们。王君正是教师，教高年级，有低年级的，我大概是教低年级。

陈：《海霞》表演有问题吗？您又隔了好多年没有演电影了？

黄：这个就像骑车的人一样，你搁几十年都忘不掉的。

陈：会不会受样板戏的影响？

黄：我们还是照原来电影的路子。咱该怎么做还怎么做，还是那么做。

陈：开机之前，先要体验生活吧？

黄：也去了。为什么要体验呢，因为他们那儿，走路也不一样，光脚的，我们也得习惯习惯吧，得走走。开始真是不舒服，没习惯，它硌得慌。在沙滩上不会硌得慌，就是费劲。我是在海边住惯了的，知道那种沙滩走着挺舒服的，软吞吞的，但挺费劲的。另外就是他的服装什么的都不一样。

钱江是摄影，他带着的助手是李晨声，王好为是副导演吧？好像他们俩是一块去的。实际上是谢铁骊导演，我想想看，是编剧、是导演？我记不住了。①

陈：《海霞》这个片子，您看过吗？

黄：反正看过，忘了。我就记得海霞送水那一场戏，当时有很多意见，怎么对那个小孩子这么个态度？其实是爱护她嘛。又比如哪个地方挂着画，没有农村的味道了，等等。现在都记不得了，个别的镜头记得一些。

还有就是小海霞，挺灵的，可是她要拍哭戏，刚开始的时候，她不会引导自己，就喊我，黄姨，你来呀。让我给她说戏——蔡明。我就告诉她，刺激她，然后让她回忆起来怎么哭，一下子哭出来了。

---

① 这一段记忆有误，《海霞》有过两次拍摄，第一次是1973年9月，由凌子风导演，没有拍摄完成；第二次是1974年7月，由钱江、陈怀皑、王好为组成导演组，钱江、王兆麟、李晨声摄影，谢铁骊编剧。

新时期：《如意》及其他

陈： 新时期您演的第一部戏是《如意》[①]？

黄： 还有些，好多呢。《哑姑》[②] 是哪一年啊？

陈： 您也参与过《哑姑》的演出？

黄：《哑姑》演一个媒婆，好像是，记不住了。就记得这个名字。邱丽莉也在这个戏里头，后来她就改当导演了。

《如意》也记不住了。《如意》这个戏吧，我录了一场戏，这场戏就是在街道上看到一个卖墩子的人，到底是一个什么样的人物关系，不记得了。

陈：《如意》您只有一段戏，没有跟组？

黄： 没有跟组。就是那段戏他把我找去了，拍完了我就走了。

陈： 1982 年，拍戏开始有片酬了吧？

黄： 确实记不住了。到底有没有钱，不知道。反正我记得，那个时候，我拍过一个广告，人家给了我 500 块钱——不是，50 块钱。咱从前一个子拿不着，拿 50 块钱，还觉得挺美的。

陈： 1983 年苏菲导演的《拓荒者的足迹》[③]，您还记得吗？

黄： 对。这个是上……好像在甘肃什么地方，记不住了。是一个牛奶场，天天喝牛奶，牛奶当开水喝似的，这是一个印象。另外一个印象，

---

①《如意》，北京电影制片厂1982年摄制，黄健中导演。

②《哑姑》，北京电影制片厂1983年摄制，肖朗导演。

③《拓荒者的足迹》，北京电影制片厂1983年摄制，苏菲导演。

就是记得上海的一个演员，叫什么来着？[1] 戏演得很好，而且人也挺好的，特认真的一个人，有意见他就说，特别直爽的一个人。跟导演意见不一样，得说，说通了我才行。给他改一个词，他也是改得很认真，他特别用功。

陈：您在这个戏里扮演什么角色？

黄：我演什么人，都忘了。我就记得好像是个工厂女工的母亲，好像是农村里头的，劳动队里头的，记不住了。看见了就想起来了，我那个女儿，现在也碰见过，但是也记不住名字，见了面可能还认识。记得在大堂里拍的，会场的戏。

陈：苏菲导演是一个什么样的导演？

黄：苏菲是特别善良的一个人，真是心地善良，做导演也是文绉绉，说话声音挺细、挺细的，没有大声吼的，不像我们有些导演。而且她特别愿意帮人家忙，她不是马海德的夫人嘛，她有时候还到国外去。她有一次把我们合唱队都带到麻风病医院去。她大概也是从上海到延安的，浙江人，对人很关心的。

陈：1983 年《一叶小舟》[2]，您还记得吗？

黄：《一叶小舟》，我就记得好像是在太湖边上。我演赵尔康的姨妈，我是农村打扮，穿着那种百褶裙子，农村的那个，还梳的那种头。那个时候，人与人之间都还是挺好的。那时候已经不住学校了，学校不给你住了，到什么招待所之类的地方去。天挺冷的，南方的冬天实在是太难过了，就生煤球炉子取暖，把人都呛坏了，屋里头待不住，受不了这煤气，就跑出来，结果冻得不行。后来找到城里头比较近一点的地方，换过地方。那时候给钱给多少，记不住了，就觉得给钱就不错了。有外快了。

陈：谢铁骊导演的《清水湾，淡水湾》[3]，还记得吗？

黄：《清水湾，淡水湾》，这个就是因为我是南方人，还能说几句南方话。我们是为了抢姑姑的这个遗产，结果姑姑的遗产是给了那个女工了，

---

① 是指演员焦晃，他在《拓荒者的足迹里》扮演男主角辛启明。

②《一叶小舟》，北京电影制片厂1983年摄制，黄健中、于中义导演。

③《清水湾，淡水湾》，北京电影制片厂1984年摄制，谢铁骊导演。

那个女工得了以后，就捐了，自己又跑到一个乡下去，再不露脸了。好像故事就这么简单。我现在记得的就是这个。我这个人物，有点十三点的样子，人家叫她说普通话，她就说上海普通话，叫姑，就这样。让她证明什么东西的话，就胡说八道，她也不懂。

陈：这种角色您过去很少演？

黄：很少演的。这无所谓的，反正就照着她的性格来，是不是？装傻充愣，糊里糊涂的，这种人是见过的。没有什么太难的，自己觉得，还挺对劲似的。

陈：谢铁骊导演拍这个戏，状态上有什么不一样？

黄：没什么区别。跷起个二郎腿，晃呀晃啊，这个毛病一直没变。反正到轻松的时候，一坐在那儿他就搭上二郎腿。另外，他爱喝点小酒，但是他工作的时候绝不喝，就晚上回去喝点小酒。摄制组的人，一般都是到晚上了不回来吃饭，大家都到外面去吃去，喝点小酒。他特别认真在哪里？其他的导演出外景，导演都是坐小车，他是坐大车，而且准是10分钟以前就到那儿。他也不说你们，他就坐那儿。那些人原来稀稀拉拉的，不准时的，看到他都这么认真，都不好意思了。

《天伦》获奖及其他

陈：这一年您拍了好几部戏。《姑娘小伙正当年》[①]，也是1984年的？

黄：1984年吗？不对呀！我记得这个戏，《天伦》应该是跟这个时间差不多。我记得我去领《天伦》的奖，长春电影节，大概第三届[②]，那时候领奖去。我正拍《姑娘小伙正当年》[③]，从那儿知道我们要得奖了，让我去。我说不行，我说正是这两天拍我的戏呢，我就说我不能去。后来有人来告诉我，你去吧，人家第一部戏，你就捧捧人家，人家希望你去，你就去吧。我就去了一天，当天早上飞到那儿，正好碰上刘晓庆也坐那班飞机去，所以我就搭着她的车走。当天晚上发奖。第二天一早我就又飞回来了。最佳女配角奖，不是要领奖嘛，我下来的时候，就碰上于蓝，还有几个人，记得于蓝跟我说，恭喜你啊！我说得了吧！当然得奖是好事儿。我说，我这个奖是替我们这一代人——奉献的这一代人——去领奖的，不是我自己一个人的事儿，所以我才来。实在是，我自己不想来的。

陈：《天伦》是您第一次获奖吗？

黄：第一次获奖。过去得的话也都是年轻的得，没有选老的。

陈：您领奖的时候有获奖感言吗？

黄：有感言。这个感言就是，谢谢这个，谢谢那个。我是代表我们

---

①《姑娘小伙正当年》，1984年，华永庄、罗真导演，黄素影扮演项大妈。

② 黄素影因在《天伦》中的出色表演获得第三届长春电影节（1996）最佳女配角奖。

③ 此处受访者记忆有误，《姑娘小伙正当年》是1984年出品，而《天伦》获奖是1996年，时间相差太多。

这一代，是不是说了我记不得，其他说话顶多就是谢谢这个，谢谢那个，就完了。

陈：《天伦》是怎样的一个片子？

黄：《天伦》就是一个儿子，很孝顺的儿子，实际上他是个人贩子，把人家孩子骗走了，去卖了。他回来，妈妈告诉他，好好干，不要偷懒什么的。她鼓励他要好好地干，实际他是个人贩子，后来他被抓起来了，这个老太太就去探监。他曾经给她很多钱，她到监狱里头，都去还给他。这么一个妈妈。本来说是作者写那老太太一头就撞在监狱那个门上，鲜血淋漓的那样子死掉了。后来我说，不要血淋淋的场面。我跟导演说，是不是必须要这样子做？让人心里头老难受，不好。我说我去把东西还他，我来看你，就是为了告诉你，你要把这些孩子们都送回家去。我是劝他来自首，你可以得到宽恕的。另外我出来以后，我很生气，很难受，一下子心里头觉得晕得慌，出了门以后，咯噔一下，带我去的人就把我背上了，没有死。死的话她也是心脏病发了，气的，她悔啊，悔恨没有把孩子教育好，说没有完成父母的这个任务。导演接受了这个，没有让角色当场就撞死。因为监狱那个地方也是很小的地方，会见的那个地方，怎么撞啊？是不是？这不是成心让人家看着难受，演得也难受啊，视觉也不行啊。

陈：那郭凯敏导演怎么样？

黄：我们就坐在那儿说，后来郭凯敏说也好。他还是挺虚心的，还是能够接受人们意见的。不是自个儿翘起尾巴来，没有这种感觉，很好的。我记得是我们在火车上，我在火车上看剧本，编剧和我，我们几人都在那儿，我就把我那个想法说了。合作得很好，我觉得。后来是在郑州拍的，剧作者大概就是那个地方的公安，我会跟他们商量，这和洪深对我的教育有关系，就是说应该尊重人家作者的劳动。所以我就跟他说，这样说比较好，你看看怎么样？我记得我们在火车上谈，后来到了旅馆里头，他们就在我的屋里谈，我记得这个情况。我不管你老导演、新导演，我都是一视同仁，我要感觉这个地方不舒服，我说，导演，这句话这么说好不好？刚才那个我觉得别扭，你看看怎么样？他说同意，就改了。

陈：导演要是不同意，您还会讨论吗？

黄：也有这种情况，那我就服从导演嘛。导演为中心，这就自己顺吧，没办法。我不敢强迫人家来接受我的意见，因为我这个东西太浅，我觉得我普通话不是很好的，它有时候表达上就有点偏离过去了。

陈：《泪洒姑苏》[①]，是1985年吧？

黄：《泪洒姑苏》大概是1985年。这个作品是陈方千的导演。陈方千原来是我们剧团里的人，刚一解放的时候他就在。这个人非常有才华，只要有洞的乐器他就吹得响，有弦子他就能弹得来，拉提琴、胡琴，都能行。京剧、唱歌都好，作曲都会。他没有正规地学习，就是天分。他曾经是演员，大概五几年，他调到导演室那儿去了。他的级别比我高。他问我："级别我比你高，你服不服？"我说如果你是演员的话，我觉得你比不上我；但是你如果是导演的话，你比我高也应该。因为他的才华很多。他这么多的才华，一到了镜头面前就不会动了，浑身都紧张。他内心没有东西，他害怕。但是在下边，你让他弹，拉啊，唱歌，什么都不在乎。京戏，不单会拉胡琴，而且他能分出程砚秋怎么唱、梅兰芳怎么唱，他都熟悉。这么一个人。所以我说他是一个很天才的人。拍这个戏的时候，他的肝大概不好了，下去的时候，他老婆说："你管着他。"我说："你放心，我绝对管着他！"因为他比我小，你知道吗，所以我就像姐姐一样的。完了他就问我，他说有些演员想当他的干闺女，问我收不收？我说认这个干吗？乱七八糟的，同志挺好的嘛。他就没认干闺女，反正跟我在一块儿的时候，他想认的干闺女，没有认。

他的脑子特别好，这个戏怎么拍，他心里都有底。他希望演员怎么样，他挺清楚的，他说戏说得还挺不错的，就是自己不会表演。他会说出人的心情来，改行改得很好，真是改得很好。《泪洒姑苏》那个戏，他说了，我就去了。记不太清楚了，到底是一块去的，还是后来去的。反正我这个人，是跟摄制组的每个人关系都挺好的。我到那儿以后，女演员有很多，都住到一块了。把我安排在那儿，我觉得，我这个岁数，不要去掺和人家年轻人，遇见什么事儿都不好说，我要说，得罪人；我不说，

---

①《泪洒姑苏》，1985年摄制，陈方千导演，白灵、沈冠初、蔡明等主演。

我心里不舒服。所以我说，我跟她[1]住在一块儿，我们两个人合适，我们俩年龄差不多，她比我小点，那个服装。另外，我可以跟她两个人吃饭，她有个电饭锅，我去买点什么东西，买点油，买点醋，自己想吃点什么就做什么。食堂的伙食，我们打回来，我们改一下，也更够味一点。

有一次——不知道哪个戏，忘了——我住在什么地方呢，住在化妆室里头。我说我上楼上太麻烦了，又没有电梯，全是爬的，三楼，化妆室在一楼，我说我住在一楼得了，方便一点。结果他[2]说，人家化妆的化妆室有一间屋子，人家那里头已经住了仨人了。我说不要紧，把化妆室那个屋子里头的那个床都摞到一块儿，摞到边上去，我就在这个里头住的。是石洗导演的戏，讲水灾的。

陈：《泪洒姑苏》还有哪些要说的？

黄：没有其他的。导演陈方千写字很好，那些演员都要他写字。我说你劳逸结合，记着点，不要晚上把孩子们都弄到这屋里来，让他们回家睡觉去，好好地看看剧本去，你自己也要休息。

陈：《泪洒姑苏》是陈导的最后一部作品。

黄：绝唱。病的时候，我上医院看他，他就哭。我说你再哭我就不来看你了，因为你要养病，你这么哭是不行的，你心情不好，对你的病很不利的。那我就不要来看你，看你是害你嘛。你得记住，不许哭，谁来你也不许哭。后来就知道他死了，我没在家。他家里我去过，他走了以后，我去过他家里一次。

---

① 这里的“她”是指《泪洒姑苏》的服装师，参见下文。

② 这里的“他”是指北京电影制片厂的演员、导演石洗，参见下文。

1984年：退而不休

陈：您是哪一年办理退休手续的，1985 年？

黄：1984 年退下来的，就给我 75% 的工资，算退休。我的（党组织）关系都没接上的，所以我就不能是离休。那时候上“华大”去，学习那几个月就属于离休了。这玩意儿，还是有点不太公平。这个事儿，从前我也不在乎，我说随便吧，不愿意给我弄，弄不起来别弄，我也没强求。反正按党的要求来做，我问心无愧就行了，我是这样想的。后来退休，去掉 25% 呢，太多了点，加上我家里头孩子多，那时候上学，确实很紧张，那个钱还是不够的。

陈：后来恢复党组织关系，花了好几年时间？

黄：花了好几年，这个时候申请，要求给我办这个事儿。而且证人都有啊。不知道是哪一年，这个问题解决了，离休，那就药费百分之百地报。从我 1939 年入党，正好 70 年[①]。我现在是只要够吃够穿，没有什么担忧的事儿了，就行了。

1984 年退休，其实还有一点点（不愉快），1985 年没提这一级，当然有点不舒服了。但是 1987 年还提过一次，总算还到了八级。其实人家很多地方都是退下来的时候要提一级的，还有提三级的呢。跟我一样的地下党，到他退休的时候一提提了三级，司局级了都。我觉得问心无愧就行了。

陈：想没想到退休以后还越来越火？

---

① 指的是到2009年采访时，她的党龄正好是70年。

黄：没想到，我没想到。也没想到自己要发财，要出名，我也没有这个想法，我觉得这是我的事业，我要为它做，我要做到底，只要我能动得了，我就做。

陈：《你的微笑》[①]，这部片子您还记得吗？

黄：《你的微笑》也是在苏州拍的好像。《你的微笑》那个东西我不理解，我觉得不理解那个时候的人，但是我也拍了。那个女儿，就是这个微笑，什么意思呢？我不懂这个戏，我不懂他想宣传什么。所以我不满意。导演是谁我也忘了。反正还是有代沟吧，当时我就别别扭扭的。

陈：1987年那个《魂荡东洋》[②]记得吗？

黄：《魂荡东洋》？我记不住了，这个戏。

陈：1987年第二部戏是《仗义小伙儿》[③]，您还记得吗？

黄：也记不住了。什么时候？让我看看。看看有没有我？我都记不住了。

陈：1988年《OK！大肚罗汉》[④]呢？

黄：这个我记得。这个是张华勋的。在乐山拍的，是吧？他要拍戏的话，到四川多一点。《OK！大肚罗汉》，是演一个家庭妇女，是处长的老婆。那家里挣钱多了，一天到晚亲朋好友来，吃啊喝啊，让人有点嫉妒，这样的人。两人的关系就不怎么太好，结果俩人就打架。最有意思的是打架那场戏。到底是谁，是我弄起来的，即兴的表演还是怎么？忘了。那个戏里头即兴的东西很多，有俩人打架，到菜市里头去打架，我就拿这个鸡蛋去砸他一下子。怎么砸，好像自己设计了一下动作，俩人打着打着，地下滑，摔倒了，把那个盆子都打翻了，那个鱼就跳，特别好玩。完了事儿以后，有人问，你怎么想的？我也不知道怎么想的。

陈：这样即兴的戏，要跟对手商量吗？还是就您主导？

黄：有时候商量，有时候不商量，一下子就过来了。有时候来不及商

---

①《你的微笑》，北京电影制片厂1986年摄制，马秉煜导演。

②《魂荡东洋》，珠江电影制片厂1987年摄制，孙羽导演。

③《仗义小伙儿》，北京电影制片厂1987年摄制，霍庄导演。

④《OK！大肚罗汉》，北京电影制片厂1988年摄制，张华勋导演。

量，没设计，水多了地滑，一下子倒了。没叫停，就演下去了。即兴出来了，很顺。

我觉得，生活当中素材很丰富的，是不是？你有时候能体验到这个东西，我拿茶壶盖子，我要盖，找塞子——其实手里正拿着——“塞子上哪儿去了”找不着了。这种事情很多，如果你在戏里头，气氛合适的话，加上去就比较适合。比那个做起来正正式式好。其实现在，我还是这个想法，为什么台词一定要那么顺当地来？比方说我忘了词了，忘了就忘了啊，忘了，胡说八道就可以了，只要情绪对头，真的。你说生活当中很多人说话，什么东西，半天想不起来，这很自然的。我说话，我也许突然就来个结巴，不知道怎么就出来了。是吧？你就很自然。演戏必须要这样，但电影到时候“卡”了，不行，重来！情绪挺好的，他让你重来。有一个戏，台词我实在是背不出来，我就说，反正我一口倒不出来，你需要什么，你就从哪儿剪掉，再来接上。有时候说到什么地方想不起来了，急死了，还得继续说。有的导演就说，反正机器开着，你就说，你说不对了，没关系的，停下来，再说下边的，你把情绪接上。实在你接不上的话，中间加一个镜头，看别人在那儿，是不是？这样演员负担轻一点，特别是像我们现在记忆差的人，能够说出来就不错了，你再要求一个字都不落，一个字不错，很困难。

陈：回到《OK！大肚罗汉》，您对张华勋导演有哪些记忆？

黄：这个导演，很有意思的。他人是个好人。这个人说话挺急的，挺快的，快得都重叠了，全都听不清楚了。

电影《红楼梦》[①]

陈：电影《红楼梦》[②]，您还记得哪些？

黄：我演贾琏他奶妈。家里头那些奶妈，总得跟下人的关系不一样，她因为是奶妈，那些下人都要尊重她一点。那个戏很少，就这么一场戏。

陈：您说您参加过选演员的工作？

黄：选演员，对。第一个是找的《红楼梦》的那个演员，叫陶什么。

陈：是叫陶慧敏吧？

黄：陶慧敏，是在那边[③]演一个角色，有人推荐的，他们说这个演员还不错，这样的。他们长春的人我很熟的，搞剪接的什么的，他在剪接片子，我说我看看，我就看了，看完我觉得还可以，我说我们想要，我们看看行不行。最后通过电话，她当时的戏拍完了，我们在飞机场见一面，这样选的这个陶慧敏。

陈：选演员通常不是副导演做的事儿？

黄：是副导演，赵元找的，赵元去看的。[④]

陈：选演员小组主要做什么呢？

黄：演员小组就是给你找演员去，找完了以后导演定，照片来了，摆一桌子，一个屋子里全摆上了，导演来看，"这个"。我们是粗选，粗选完

---

① 这一段是在后面的采访中谈及的，编纂时调整至此。

②《红楼梦》，北京电影制片厂摄制，6部8集，共735分钟，1989年上映，谢铁骊导演。

③ "那边"是指长春电影制片厂，当时陶慧敏在长影的一部影片中出演角色。

④ 此处表述有误，赵元不是副导演，而是电影《红楼梦》的执行导演，谢铁骊是总导演。

了，把照片弄来了以后，摆着，导演觉得要看，把他叫来，不要看就算了。我们净做这些事儿了。差不多这样的，出几个人，他们有几组，上这儿，上那儿，我上长春了，是这样的。

陈：您看陶慧敏，是让她演林黛玉？

黄：就是想让演林黛玉的，因为她又是小百花的，走路就很方便，就觉得她可以。反正让我们选吧，你就定呗。还得要了解她到底合适不合适，年纪轻一点，小点，感觉啊。很多人都是我们选来的。宝钗那个[①]也是，她倒不是戏曲界的。宝玉我们是选女的，让她小一点，找了好多人，照片多极了，人家寄过来，有人自个儿推荐自个儿。

陈：挑演员，是对《红楼梦》中所有人物都要了解吗？

黄：对，当然要了解。《红楼梦》都快背熟了，现在又忘光了。主要人物都知道。但是有一个人，我们介绍的，他没要。贾琏，后来我觉得都不合适，我觉得最好的是谁，你知道吗？电影学院的教授，现在还在那儿，叫什么，俩字。我们推荐他，但没要，要别人。反正我知道他没去，他自己倒也挺想演的。我们主要是看形象和性格，他演的戏的路子这些，这个我们要了解，就把它记下来，给导演介绍一下。

陈：《红楼梦》后来您完整地看过吗？

黄：记不住了，好像看了一点儿，也不全，我觉得。反正看上去还可以，特别是什么，你看电影《红楼梦》，看起来比那个电视剧，是更合理一些，人物合理一些。从走路说，要求不露脚，穿裙子什么。丫鬟走路也是，人家得这么走，对吧？我们走得比较好一点儿，更真实一点儿。另外不管布景什么的，都要求得很严格，东西做得很好。

陈：电视剧《红楼梦》和电影《红楼梦》，您更喜欢哪一个？

黄：我觉得整个的气氛来说，他那儿的那个老太太，贾母，是暴发户，没有那个高贵形象。演员有些问题，导演也够受的了，他没有那种知识。从前那个电视剧，王扶林到底是年轻一代的人，谢铁骊到底是比他要敏感一点，因为他搞这个东西，他就要注意这个，真的有钱和假的有钱不

---

① 指的是在电影中扮演薛宝钗的演员傅艺伟。

一样。

还有呢，他选的演员，觉得有些差的地方，是在什么地方？就说刘姥姥那个戏，咱们这个谁[①]啊，演活了这个人，那真是土里土气的人，一下到了大观园，不知道天下有这么了不起的地方，傻了，她也有哗众取宠的那个东西，但是她是很朴实的。但她那个[②]我觉得有点像什么，不是个农村妇女，不是很纯的，就觉得她好像有心眼，做买卖的人那种东西。我觉得赵丽蓉那个可信，第一场戏，一出现就是一个惊喜，觉得特别朴实，真傻了，这是什么啊，那是什么啊，很纯朴的。电视剧版就觉得不是那么回事儿，不是农村的人，没有农村的气味。

---

① 指的是在电影《红楼梦》中扮演刘姥姥的赵丽蓉。

② 她那个，指的是王扶林导演的电视剧中的刘姥姥。

《翔》《乡亲们》和《红尘》

陈：然后就是王晓棠导演的《翔》？[1]

黄：那个我们是在重庆拍的。王晓棠，就是她自编自导自演。她就是要这样子，为什么呢，表现她的才能。她很努力，这是好的一面。但是另外一面，我觉得她特别“拔”，拔自己，要把自己的天才发挥到极限，都觉得有种跟这个人不合适的感觉。比方说看个花，还要像跳舞似的，把她舞蹈才能表现出来。别人的戏可以不重拍，你再不好，她不会重拍。她自己的戏，眼泡要是肿出来了，照得不好，她绝对要重拍。我只是举这个例子，就是说她在意自己形象。她是将军嘛，女将军，她也是挺有领导才能的。但是工作太多了，一个人不能那么杂。我没看过她多少戏，《翔》我也没全看。从她个人表演来说，她就是表现自己的东西太多，所以要把这个人物变成岁数大一点，适合她的年龄，凑合凑合，这样。

我演的角色是一个红卫兵的妈妈，是农村人，是个善良的人。但是她儿子好了，当工人去了。她是有同情心的人，她看见一个女孩子来来回回地在马路上走，犹豫不决的样子，挺可怜的，于是叫老头把她接到家里来。她养的那个什么东西，是花啊什么东西，她儿子说我去，我是红卫兵，他就把那个东西拿过来搁到我家里头，我们把它藏起来。她那个恋人也是搞这个的，俩人一起搞这个项目的，俩人就相爱了，后来那个人就失踪了。

陈：《翔》这个片子的编导，您有什么印象？

---

①《翔》，峨眉电影制片厂1988年摄制，王晓棠自编自导自演。

黄：她写的东西，还是有她自己的想法，她自己的东西说清楚了。导演就是说注意力在自己身上，更注意她自己。她其实不要兼那么多，要不你演，要不然你就导，好好地导这个，你就把它做好。要不然你编剧以后，你就演这个戏。

在那里头，我还动用了我的一些关系呢。有一场戏是在阿坝州，那儿挺冷的。上回说过刘渝明，他那时候在四川，原来是一个什么厂的厂长，后来调到四川科委书记。我就上他那儿去了，我说你们科考出去是不是有羽绒服？借我们使使，我们没那么多钱。他就借了。以后我就告诉他们[①]，我说放的时候你们给他们送点票去，咱们借人东西不花钱，对不对？后来他们送去了，看没看，我也忘了问了。

陈：这个片子，给您片酬是多少？

黄：不知道多少钱——没多少钱，不是很多的。我整个来说，只有《世界上最爱我的人去了》，那个是最高的价钱了。六万块钱。那个时候人家的十几万，二十几万。《翔》没有那么多，我都记不住。

陈：《翔》以后，您又演了《乡亲们》[②]，有哪些记忆？

黄：《乡亲们》，在那里头，我和高强两个人，他演地主，他是很勤劳的，所以我呢就挺同情他的，他是祖孙两个人。我就是一个好心的太太，是贫下中农，就是特别善良的一个人。我觉得，那个戏也许有些过火，也许表演上有些缺点，自己的东西多了点，有时候不符合这个人物，可能。因为我没看过，拍了以后，好像一直没有公映过。

我觉得一个演员，生活积累是有的，经验还是有的，所以必须要找到自己的缺点。所以我劝很多人，电影学院出来，不要以为你学完了，就不得了。你一定要慢慢地从镜头上锻炼，磨合自己，实践当中再提高。小角色你也要去，不要说我大学生毕业了，就觉得好像全能了，不行。我一直是从镜头里头，从前看回放，发现自己的毛病，我觉得我不紧张，但是看了那个以后，我觉得我有紧张的地方，为什么？有的戏肩膀都挑起来，脑袋这样的（做僵硬状），这样多难看？后来我发现，这就是紧张。

---

① 他们，是指《翔》摄制组有关人员。

②《乡亲们》，1993年上映，王冀邢导演，黄素影扮演宋奶奶。

后来啊，我先放松，镜头之前我先放松，放松我再想这个。我就是靠每次看镜头回放，发现自己的缺点，慢慢改正自己不足的地方。找到了就好了。还有，你想的东西出来没有？你设想的这个人的思路是这样的，要让人家看懂。

陈：只有小演员，没有小角色，是这样的吧？

黄：对对对，这是我从做这行就这么做的。为什么在北影厂，从演员科时代，我就是拍戏最多的？因为我不挑。谁愿意跟群众演员一块跑？我不管，我就去。也有好处，比如说一个人逃难了，该带什么东西？我没这个经验，跟群众演员了解一下，你那时候逃难怎么逃的？他把他的经验告诉你，这个感觉你就有了。所以不管什么戏，只要叫我，我就去。

陈：您说说《红尘》①？

黄：我觉得有个很好的镜头，是我根据我的心情做的一个镜头。她是地主，原来家里头大概是小地主，她自己实际上也劳动，之后就跑出来了，在城市里头，给人洗洗衣服什么，把孙子养大。“文化大革命”的时候把她揪出来，要她回乡。她平常跟大家的关系很好，因为她自己本身就是个劳动者，就因为自己身份，所以特别谨慎，对人家多做好事，人家觉得这个人好。送她走的时候，我想到我孙子在厂里，怎么办啊？大伙会不会帮他啊？我走几步以后回头，就给大家说了一句话：“我孙子在这，希望你们大家能善待他！”完了鞠一躬，就走了。一边走一边难受，但是又怕让人家看见。我当时心里头一下子出来这个，就是要托付他们，依依不舍的心情。当时镜头好长好长的，一个镜头下来。我向来都是尊重导演的，但是我不喜欢表现小脚的东西，我觉得那是对妇女的一种压迫和虐待，不要把这种丑的东西给人家看。导演还想要照人家的脚，我不同意，我说干吗非得把小脚弄出来？小脚妇女受了多少罪啊，如果说你要弄的话，我绝对不同意。（笑）

陈：您演奶奶这个角色，有自己的生活体验吗？

黄：没有什么。自己觉得人都是有爱心的，离开自己的亲人，总是

---

①《红尘》，1994年上映，古榕导演。

不放心的，要走是很难过的，又不敢暴露自己的情绪，应该是这样的。

陈：拍戏的时候，像这样自主设计的时候多吗？

黄：有的。从前啊，那种小角色也没人注意，有些时候怕麻烦。看导演的情况怎么样，导演比较容易接受意见的，那我就说；也许他觉得没必要给你谈，那我就不要谈。表演的时候你觉得合适了就成，不合适，你说改，就照你的改。

《三女休夫》和《卧虎藏龙》

陈： 1994 年《三女休夫》[1]，是怎么样的一个戏？

黄：《三女休夫》，有很多即兴的东西。我最想演喜剧。我一看，不像喜剧，是闹剧，我说不是喜剧也没关系。后来我跟导演说，咱们就闹点吧，那时候还闹得起来，拍戏的时候，闹起来了，反正随心所欲，自己想做什么就做起来，跟导演说，可以吗？导演说可以，就这样的。所以就闹了一点，那时候还能蹦蹦跳跳，现在叫我这样我也不敢了。（笑）

陈： 演得过瘾吗？

黄： 过瘾了。（笑）想怎么样就怎么样。但不管怎么样，她还是个人，总是按人来做。我去当个小丫头，这个不行，还是老年人的动作。

陈： 闹剧就演过这一个吗？

黄： 就这一个。喜剧的话，说老实话，就是那个《OK！大肚罗汉》有喜剧的东西，俩人打架，那是喜剧的，特别好玩。（笑）在表演上，那种夸张不是大动作夸张，大动作实际上是闹剧，过线就是闹剧。我喜欢卓别林，卓别林的东西是喜剧，还有劳莱、哈台，这都是喜剧。

陈： 您喜欢《三女休夫》这个电影吗？

黄： 不是很喜欢。确实它也有一点好，坏人做不得，意图还是有一点好的方面，不是特别胡闹。我觉得还可以，没有白下力气，还能起到一些好的效果，就行了。不是我最希望的卓别林式的喜剧。没有做到这个，但也不后悔。

---

①《三女休夫》，1994年上映，罗渝中导演，黄素影扮演张媒婆。

陈：下一个，您演了《卧虎藏龙》。[①]

黄：这个副导演叫什么来着，中方的一个导演，他来找演员，他找了一个人，是颜一烟的女婿——我跟颜一烟是二队的好友——不知道是不是到家里来了，还是就在电话里说，有一个戏，你赶快救火吧！平常我都先看剧本的，我说不行，我没看剧本。他说我到火车上给你看，行吗？所以当天到的时候，看了剧本。第二天等着，第三天就开拍了。那个剧本也没怎么研究好，导演看好了就得了，所以我也没跟他们商量。但是有一个东西，什么东西我忘了，好像我跟那个导演谈过。那个导演就是李安啊，特别好，这个人真是好。我觉得，好像咱们还没这种型的导演，他坐在那，他连喊"开始"我都觉得很温柔的。（笑）他坐在监视器后边看，你找不着谁是导演。他在那闷声不响的，你知道他是导演啊？导演都得说说，给这个说说，给那个说说，他没有。

有一场戏，我从那看到谁来了——叫什么[②]，是香港的一个演员，发仔（周润发），他也是挺好的。他来了以后，问我什么时候参加这个戏的。我告诉他什么时候参加的，他说你是老前辈了——他来了以后，有一场戏我到楼上去小姐的房里报信，从那跑，一直跑到那，摄影特别仔细，要试这个镜头怎么推，什么地方快，什么地方慢，在那试。机器一推，我就说我跑。发仔说："你别跑，你别跑，你就坐在那，我好好自己弄。"我说不行，我也得走啊，走到哪，俩人要配合的，我不跟你配合，你自己走有什么用啊？跑了好多趟。他心里不忍，上楼以后，那个楼板上，他们也不要我试跑。我说不行，你看看我的情绪，我是不是应该这样，你们看着点，是不是？（笑）就这样子，都很认真。大概他们认为我年龄大了，怕我心脏不好。我心脏没关系。

---

①《卧虎藏龙》，2000年上映，李安导演，黄素影扮演吴妈。

② 指的是由周润发扮演的李慕白。

《世界上最疼我的那个人去了》

陈： 接着是您的大戏《世界上最疼我的那个人去了》①，希望重点说。

黄： 这个戏，它来的时候，反正隔了一年两年。② 第一次来的时候，拿那个剧本给我看，我喜欢这个剧本。另外看了一个小说，为什么呢？我觉得作为母亲，我是到了这个年龄了，我想把母亲这个人物真实地演出来，她的善良，爱子女，也吵架，但是心里又喜欢，这种心情我特别能理解。

我和斯琴高娃两个人看了剧本以后，有一个改动，她狠狠地把妈妈拉到旁边去那场戏。我说，再跟妈妈别扭，我也没有这样过；我亏待过母亲，但没有这样亏待过她。斯琴高娃也说不行，从来没有这样过，哪有这样虐待母亲的？不可能的！急的时候也是吵，但是没有这样过。我说我也是，我们要求不要这个。

有些母亲的做法，是为了安慰女儿的。要走路，不会走，我要撒尿，就要撒尿，你不扶我走，那我就爬。剧本上有的，上厕所了，自己去了，一下子就听见里面哗啦一下，把帘子都拉下来了。觉得确实是不理解，想不到妈妈会这样，从前我没觉得我会给人家添麻烦，我从来不希望自己给孩子们添麻烦。现在我觉得，有时候没办法，她一看我走路，挎着我。我自己走路可以，你干吗非得挎着？我要走快点，不行，慢点走，

---

①《世界上最疼我的那个人去了》，中影集团公司、紫禁城影业公司2002年出品，马俪文导演，黄素影扮演母亲，并因此获得多项女配角奖。

② 指的是从第一次看剧本到实际拍摄，经过了一年到两年的时间。

就这样的。我现在能理解了。从前我就没有想过这个东西，现在知道想想，岁数这么大了，是不是安全一点啊。所以我妈妈那时候……没想到她是癌，现在想起来，确实没有把心思搁在妈妈身上，我觉得我还是有愧疚的。她是发现了（有病），就去检查，检查以后就是癌症，癌症要动手术，她不想做。那时候我不在家，拍《小兵张嘎》。结果后来她就这么走了。当时不知道她到底怎么的，这个地方老绑着，说着话，就疼了，咬牙了。乳腺癌最容易做的，可发现的时候，已经晚期了。早之前，她瘦了，瘦了就应该看看她有什么病嘛，早点检查。我应该知道，老年人要检查的，那时候没这个意识，忙得一塌糊涂……很难说的，这种感情。我觉得我要把她演好了，让孩子能够早早地注意到妈妈的变化。你让她跑，她能跑得动吗？像现在让我跑，我也不能跑。孩子让我走慢，我也不想走慢，这个东西都得考虑到。

陈：演这个戏，您不用专门体验生活吧？

黄：不用。很多就是借用我妈妈那个东西，那个表现，也是我自个儿小的时候一些感受。

陈：您和斯琴高娃演这个戏，要互相培养感情吗？

黄：有几场戏，我觉得就是我们两个人弄出来的，踢尿盆，她踢完我踢，她踢过来我踢过去。耍性子，你不让我那样，我偏那样。母女之间的这种东西，也不大吵。另外那场戏，我们两个人真动感情了，就是做不做手术，让她签字，她不敢，我自个儿签。俩人弄得挺好的。

这个剧本前两年就给了我一次，后来就是钱没有了，投了那个钱，赚不回来怎么办？后来我们集团也参加了，投资也是很少的。这是我片酬最多的一次，一共拿了6万块，最多的。我看了剧本以后，我觉得确实要演好。

陈：您和斯琴高娃演得非常感人，导演怎么样？

黄：导演是蔫不唧唧的，但特有主意，她要坚持的东西，还得将就她一点。自己主观的东西很多，但是还好，还能够接受改变。很多东西，她就是希望你不要表演，要内心充实。也有别扭的时候，你不能改变她，只能跟着她的路子走。那场戏，就是跑路那场戏，我简直等于俩脚不落地了，把我夹起来。这是我不喜欢的，但是我还得做。（笑）我没有做过这样的事情，我没有把妈妈夹起来过，（笑）所以我很不愿意。后来想闺女那么弄我，是为我好啊。

最讨厌的就是，我那个时候，感觉累了。爬四层楼啊。天好了，我还要拍外景，天晴了，赶快去，爬四楼，下去了；拍完了，天阴了，回来又上四楼，来回这么上，有时候累得慌。但是人家扶，我不愿意，我没自主权不行，背我更是这样了，是吧？我自己走，我可以快，可以慢，有力气了快一点，没有力气了慢一点。人家也不知道你有没有力气，他带你走，快慢不由自己了。

陈：这个感觉，和角色是相通的？

黄：对！（笑）

陈：您获得长春电影节奖、华表奖，两个奖是哪个在先？

黄：长春电影节早，长春电影节先得的。长春好像是我的福地，《天伦》也是第一个奖，就是长春电影节，是不是啊？第二次得奖，隔一届吧，反正是隔着的。[1]

陈：后来华表奖，领奖过程您还记得吗？

黄：我忘了。好像那时候也没宣传，是当场宣布的。但已经知道提名了，被请到了现场。那个谁，那天也去了，跟我一块上台的，青岛的那个大高个，女的——倪萍，我们俩一块儿得的奖。

陈：当场揭晓是不是比提前知道更高兴一点？

黄：我跟你说，我心里对得奖不是那么渴望，真的。只要演得舒服了就行，观众肯定了，就行了。只要片子能够起到作用，就好了。有人说，看了这片子就想看妈妈，我觉得这是我最希望得到的奖励，我完成了自己的心愿，让孩子们都关心母亲。我上台就说过这话。问我多大岁数，我说我年纪还小呢。这个挺有意思的，确实我觉得我还不老，可是等这个戏完了以后，2002 年得奖的，2003 年就非典了。我这有一个瘤，做了手术。做完手术就非典，给我动手术的是当时积水潭医院的副院长，姓什么我忘了。后来我去检查的时候，非典就开始了，他就跟我说，以后没事别找我啊。（笑）很好的。

---

① 此处记忆不确切，第二次获奖不是隔一届，而是隔了几届，黄素影因《世界上最爱我的那个人去了》而获得第6届中国长春电影节最佳女配角奖，是在2002年。

《恋之风景》和《爱情呼叫转移》

陈：《恋之风景》[①] 是 2003 年出品，是 2002 年拍的吗？

黄： 那就是 2002 年拍的。我演的这个人物也不是什么起重要作用的人，片中我住在那个院里，家里有一个病人，一个老头，后来老头走了。我就写佛教的那个什么经啊——《心经》，在那抄经。这个老太太也是挺愿意帮助别人的，就觉得人走是很正常的，写一下这个，心里头感觉挺好的。从那以后，我就觉得，什么教，都有它好的一面。她就信佛教。我觉得这个信仰确实能够帮助一个人，让人比较平静，欲望不要太多，就不会出事情，社会就和谐了。就说人，你自己平静了，就有爱心了；你有爱心了，你自然就平静了。我不管表演怎么样，反正当时我就真的在那儿写，而且真正想这个事，这个字意思到底是什么，还真有时候不懂，有时候不清楚，真是认认真真在那儿写，忘了在表演了。有时候还看看我的字，有进步了，好像。（笑）

陈： 跟导演、演员相处得都挺好？

黄： 都很好。我的要求不多，我的欲望就不多，我并不需要人们对我怎么、怎么样的。我就觉得都挺好的。

陈： 2005 年，您参演了《血脉》[②] 这个电影？

黄： 还记得嘛，《血脉》不知道到底是不是那个，就是写红军的，2005 年，纪念红军长征在会宁会师。我到那里感想很大。这么一个老地方，

---

①《恋之风景》，2003年上映，黎妙雪导演，黄素影扮演婆婆。

②《血脉》，2006年上映，郦虹导演，黄素影、王铮主演。

现在的苦，是真苦。人都是高原那种气候的脸红，看上去好像营养也够，生活还都挺好，但是太苦了。这些人都习惯了，没法洗澡。我到山上拍戏，它没有水喝。看你这个家庭富裕还是不富裕，看你有多少井。所谓井，就是几米深的一个坑。一脸盆洗脸水，早上起来全家洗，完了再洗脚，最后浇地去。全是靠天上雨水，积水，以后再用，是这样子的，生活是很苦的。孩子上学，下边盖学校，他住不惯，还是想上上边去，不知道怎么的。人人穿得都很好，因为什么呢？家里头留的就是老头、老太太和上学的孩子们，青壮年出去打工了。听说他们那个县，是全国秀才县，考上大学的人数是最多的。今年考不上，明年再考。他就认定了这个，要考上，就靠这个来脱离那个苦日子。

陈：您在外景地待了多长时间？

黄：忘了多长时间了。反正特别苦。也想找一些老人来，了解一下他们那儿的老红军当年的事，我好像还问过几个人，到底谈了些什么，我都记不太清楚了。反正就是演了。那个时候正好是年轻的时候，还是新婚这段时间里头，家里来了两个女红军，为什么呢？一个女红军大肚子了，掉队了。她说路上下雨怎么办，大人还可以扛，小孩不行啊。我就把自己的被子剪了一半给那个大肚子。她会做袜底，就在袜子上绣个花，这个花跟我被子上的这朵花是相似的。另外一个人，就说希望她们回来，可是她没回来，建国以后她就没回来。所以我的一句话就是：红军说话不算话！实际上不是怪她们，是想她们。我就天天站在这个村口上，看着那个山，希望看到她们回来。天天就看，就这点活，脑子里面想的就是这个，就是盼亲人，该回来了吧？看到有人，一看不是，就又失望了。

陈：这个表演难吗？

黄：当然是难的了。后来我跟导演说，我没有这个记性，我说你考虑我这场戏应该怎么弄？我做了以后，你觉得不行，又重复了。或者你再出个点子？我说我记不住这场戏跟那场戏，谁前谁后我都忘了，记性现在不好了。从前我的剧本里头，第一次、第二次我都得好好写出来，我都要明白这是干什么，那个是什么，都有变化的。

陈：2005 年您 86 岁，到西北那么艰苦的地方去拍戏，家人不反对吗？

黄：我跟你说，这一点上我有点独裁，他们知道也劝不过我。我想做的事情，他们劝也白劝。我就觉得红军真是很了不起，我要演这个戏，把他们的那个事迹说出来。这个人物就是说出红军与老百姓的鱼水情，血脉相连，自己是新媳妇，丈夫跟他们几个人走了以后，那边就遇到敌人了，她丈夫就被炸死了。

陈：那您的戏份还挺重的？

黄：是挺重的，戏很重啊。这个地方，上楼梯没有电梯，住在二楼，我想住一楼，没房间了，一楼都开店了。我们住的好像是三楼，那就走得很多，那腿已经是很累的。那个戏也有人陪着。或者孙铜，或者他媳妇陪，一般的就是到外地去都陪着。

陈：《爱情呼叫转移》①，您记得吗？

黄：好像是喜剧吧？就是找对象的那个女的，要换男朋友，这个男朋友又来了，带着狗，要把狗伺候好了，才能得到那个欢迎。这几个人在那儿没事，都在院子里头，你说我们是干什么的？就是看笑话的。就看看她，这又换了一个人了，这个人是不是还不够格，就担心他又报废了，就这个。他要找我们这几个人，凌元、我、葛存壮，还有吴素琴，就找我们这几个，到那儿了，大家说说话、运动或者怎么地，闲着没事，干什么呢？人家也没给咱们打招呼，咱就是看笑话。

陈：您喜欢徐峥演戏吗？

黄：不太喜欢，有时候过了。

---

①《爱情呼叫转移》，中国电影集团出品，2007年上映，张建亚导演。

两个《回家》和《大山之子》

陈： 您拍了两个作品，都叫《回家》[①]？

黄： 一个《回家》就是那年南方下大雨，都不能走了，交通就阻断了。本来是春节时候演的，过年。我去了以后我才知道，我曾经在那儿拍过戏。这个戏是两天就拍完了。反正挺热闹的，回家过年。具体的事儿我也忘了，词也忘了，反正就是要回家，家里头人出去了，她回家了，一个农村的戏。

另一个《回家》呢，就是一个国民党的官儿，年轻的时候走了，几十年没回来，他慢慢位置高了，他的勤务员就一直在那儿陪着他，后来他就死了。死前叫这个人，一定要把骨灰带回家。我[②]已经都很老了，你想想，我丈夫出去几十年没回来。我的眼睛也有点不太健康，坐在轮椅上。那人来了以后，他看看老太太，心想这么大岁数的老人，我要跟她说了，她不难过啊？他就假装成那个人，他把东西拿来了，代替那个人，到家里头来。他大概曾经说过，要把这个东西拿来，儿子就跟着找过来了，偷偷摸摸地两个人见了面。我眼睛虽然不好，但是感觉很敏锐，思维也很挺清楚的，所以大概就慢慢地明白，他不是丈夫。她就跟那个孩子说，以后就不要回来了，岁数都大了，见个面就挺高兴了，家里那么多人在那儿。没说破。后来到底怎么样，我现在记不清楚了，这么一个《回家》。

---

①《回家》，电影频道节目中心出品，2006年12月上映，轩南导演，齐欢、黄素影主演。
② 这里的“我”是指黄素影在影片中扮演的角色。

拍摄地是在安徽一个什么地方，离南京很近——马鞍山。这个好像是一个当地文联的人写的，跟另外一个人合作的。钱也很少。我觉得老兵回家这种心情，估计跟台湾的关系很好的，[①] 所以接了这个戏。老兵是西安话剧院的一个演员，忘了叫什么名字了，但是他跟我没有戏，他就是在台湾的戏，实际上是没去台湾，大概找个地方，海边什么的。这个勤务员就是管宗祥演的，我们俩人演的，他推着我出去走，有几个地方我感觉到他不对，我最喜欢的一种花，我看见了，我说你看那儿有一个那个，你看见没有？他就，哦，那是花。他没有感觉，他不知道这个事儿，我的爱好是什么他不清楚，所以我就觉得他不对了。反正就是感觉到，她的丈夫一定不在了，后来她自己很清楚，因为有一段词，上坟的时候我的内心独白，要说得像我知道了一样。那段独白，我觉得我说得很激情的。是现场录音，那时候都是同期的。

那个地方特别苦。后来又找到别的地方去，属于江苏了，换一个地方，都是蚊子特别多。白天拍戏，点蚊香也不合适；晚上每人跟前都搁着一个，五个人坐在一块，那蚊子咬得简直是不得了。很苦的，管宗祥也有七十多岁，快八十了，我是八十多了，还觉得挺高兴。我就觉得，和台湾三通是应该的，因为这些人都想回来，家里人也想他们回来，我就觉得挺好的。结果不知道为什么，就没有放，一直也没放。

陈：前一个《回家》也没有放？

黄：大水，人家都回不了家，你现在说回家，这不更惹起人家思乡之情嘛，就没放。这个也是，很多年以后才有这么一个消息。消息发出来，结果还是没放。还有一个叫什么，是从前演的，八几年演的，叫《乡亲们啊》[②]——不太准确，我问问管宗祥。他呀，他演一个改造好了的地主，就是说人挺好的，但是个地主。那个时候阶级斗争，他的孩子上我这儿来玩玩这样子的。具体也记不住了，就记得有一个戏，我演了，但是没有放出来。

---

① 意思是说，拍摄这部电影对大陆与台湾两岸关系有好处。

② 查黄素影、管宗祥出演的电影、电视剧作品目录，没有找到《乡亲们啊》及语义或语音类似的作品。

陈：您参演的《大山之子》，是中日合拍的影片？

黄：中日合拍的影片，那个时候导演来了，日本导演。不知道导演怎么找到我的。这个导演在日本是左派，那就合作吧。我讨厌日本人，一想起抗日战争那段时间……解放以后，有一次日本的展览，非让看不可，一看见日本旗我就不行，我进门都低头，因为有国旗，不愿意看。我恨不得像重庆演戏那时候，把他旗子拔下来，扔在地下踩啊。（笑）后来说，日本人也有好的，而且是左派的，就去了。剧情是，一个抗日战争时期日本人留下的孩子，她收养了，做了儿媳妇了，后来儿子又死了，也没孩子，就是这婆媳俩，在农村里面。日本儿媳会说中国话，病了，病得很厉害，她要去看病，婆婆不让她去。你知道吗？我就不同意这样的做法。编导说："她没钱啊！"我觉得就是没钱，你也不能不给她看病啊！而且别人议论。我就说，你不能这样的，那就等于虐待她了。其实我跟着她一块儿劳动，不是说让她养活我。所以工作当中就跟导演谈，翻译是个中国留日的学生，入了日本籍了，上海人，（笑）我叫他"汉奸"。我跟他说，一定要说，一定要把这个词儿改了，不能说我不让她看病。不能说。我们到底是把人家带大了，还是虐待她了，是不是？你是有功啊，还是有过啊？咱们得分清楚啊！你是表扬我们，还是露我们的坏处啊，是不是？我说我跟他说话的时候，你一定要如实地反映，你不能够给我扭曲了。结果他翻译了，那个地方改掉了，改掉了一些，放的时候到底怎么样，我就不清楚了。有人在国外看见了，我们这儿没放。我儿子一个朋友在日本，就跟他说，你妈妈有个戏，怎么跟日本合作啊？

还有一段戏是我自己要求的，就是老年人不能送孩子出殡，我就说从人情来说，她这么一辈子都跟她在一块儿生活，等于是相依为命的，她走了，一定要送她的。我说我一定要有这个镜头。我说出殡棺材从这儿过，我就在一个高坡上，趴在那儿看，不是站在那儿看。实在是难舍，觉得自己空落落的，没有人在身边了。我要求加进去的。

陈：导演后来也同意了？

黄：都同意了。就是觉得我一定要送她，很悲痛的，真是很悲痛的，我现在想起来也是很悲痛的。真的是这样。

陈：这个摄制组，主创人员全部是日本人，是吗？

黄：差不多，差不多都是日本人——全都是日本人。后来这个儿媳妇的父亲找到她了，咱们告诉他，帮他找到他闺女了。他就来了，来了以后就住到家里头，女儿就病了，病了以后，他就等他女儿死，见了面。好像她还有个哥哥—不是，弟弟，他在中国，[①] 找着这个家了。弟弟也来了，姐姐死了，他们送丧去。

陈：您在这个戏当中戏份挺重的？

黄：不算重啊，很少一点。我觉得好像没什么，就是劳动，没有太多的戏。劳动完了以后，孩子病了，她就守在那儿了。反正我觉得不是特别多。

陈：您在剧组里有不愉快的经历吗？

黄：这个很有意思。演这个戏的演员，是日本的名角—演儿媳妇的—是唱歌的一个歌星，带着保镖的。虽然她是很有名的演员，但是她都是服从导演的，导演说什么她就做。他们这些人自个儿喝咖啡，到了地方，那天比较冷，他们跟前就放个大火盆，让她暖和点，拿椅子、板凳，反正气派挺大的。我们制片是中国人，说，她有名，咱们也有名，是不是，老太太？我说，别了，这有什么关系？他说，不行，咱也倒咖啡去，她喝咖啡，咱就不能喝吗？咱也去倒，就去倒咖啡给我。他要搬一把椅子给我坐，我说我走，我不愿意。我那时候身体挺棒的，不愿意这样。他说不行，咱们也得摆摆，上来坐着，给我喝着。就是这样子的。其实那些人都还挺好的，虽然话不通，也没觉得她怎么大牌，没有这样。他们自己，服侍她的这些人就是这些派头。咱们习惯就好。但我们制片就说不行，也来。（笑）咱们的制片叫什么，我也不知道了。我这个人向来不在乎这个，你怎么地都可以，我不在乎。现在有些演员，都带着东西，我从来不带。

陈：在《大山之子》剧组，有没有中日工作方法上不一样的问题？

黄：可能有一些。那儿导演为中心，很严重的，导演说什么就得听啊。我是这样子的，如果我对这场戏有什么想法会跟他说，如果你不接

---

① 这句话的意思是，女主角的弟弟也是被中国家庭收养的。

受，我就听你的，以导演为中心嘛。导演全场地看，我是从一个角度看。我觉得还挺和谐的。但是你知道，那心里头还是有点感觉，就觉得他们这样，咱们也能这样，不能低于他们。但是表面上都还好，没有什么。

陈：拍完这部电影，您对日本和日本人的观念，有没有好一点儿？

黄：我没说它好，也没说它坏，我对日本不感兴趣。

电视剧《鹿鼎记》及其他

陈：下面您说几个电视剧:《龙堂》《别动我的抽屉》《大路朝天》《鹿鼎记》，哪个能记住说哪个，好不好?

黄：《鹿鼎记》那个戏，我演一个老鸨。说出了当时妇女的命运，不管她是窑姐也好，家庭妇女也好，都是在讲女人就是靠男人，把这种封建的东西表现出来了。她感叹的也是这个，做女人就是这样。

陈：演这个角色，您有顾虑吗?

黄：我演戏，从来没有顾虑。从来没有什么好人、坏人。如果他觉得我能演，他相信我，我就去。这个化装有点问题，现在看看，头啊，戴着那东西，乱七八糟那东西特别沉，我觉得好像在咱书上没看到过这种头饰。反正就是挺那个的。头发都是假的，上面好像戴着那个帽子似的，不能躺，也不能睡，只能够靠到那儿，只能坐那儿或站着休息。导演是谁来着?于敏。

我在那儿，我看着这些人，我觉得现在年轻人的味道，跟我们那个时候的人不一样。我们是认认真真地，把脑子用在工作上，他们是玩去了，一等没事就聊天、吃什么的。最有意思的是什么?他们跟我没住在一块，他们在另外一个地方住。他们有专车嘛，我们大车。我住的——那叫什么地方来着，对了，盐官镇，我们就住在那儿。几分钟就可以到那个公园了，观潮那个地方。剧组发工作证，我去已经没有工作证了，他们有个会计把工作证借给我们，我们就进去，不花钱。碰到看潮的那天，他们有茶座，茶座有棚子，一个浪过去，桌上搁着的照相机、手机，全都卷走了。我自个儿去的。我向来不求摄制组对我怎么怎么的，我不要。

陈：您喜欢《鹿鼎记》这个故事吗？

黄：我没看全部，我也不想看，看一半我就不想看了。太乱了，这简直是笑话大片，没意思。给我这个剧本，从他[①] 小的时候在这个里头，一直到我老了，他又来了，他已经是妻妾好多。

陈：《龙堂》[②]，您还有记忆吗？

黄：《龙堂》，合作还是挺不错的，关系都挺好的。对我们那些人，也没有什么。到底谁找我，我记不住了。那些人有香港的，有台湾的，在一块。我觉得挺和谐的，没有什么事儿，他们互相之间也挺好的，从前的艺人大概都是这样吧。反正我拍戏的时候，没看到怎么吵过，戏里头吵，平常的时候没有。我觉得我在那儿挺舒服的，我不管别人了，我就觉得我自个儿挺和谐的。

陈：您 80 岁出去拍戏，您不带人吗？

黄：那个时候一直没带。后来才带一个人。从什么时候开始也忘了，人家说希望你带人，这样的。另外我自己确实也觉得，有时候累一点。原来我都是一个人。反正九几年的时候我出去，我都不带人的。而且我这个人怪，出去拍戏，叫孩子都不要送我，不让他们送。

陈：《别动我的抽屉》[③]，您还记得这个片子吗？

黄：那是李亚林的闺女导的戏，叫什么名字也记不住。李亚林跟我很好，因为他给我们排舞台戏什么的，跟我们合作。很好的演员，这个人也很好。他到了四川了。我到四川拍戏就跟他在一块，《孔雀飞来阿佤山》，

陈：您对《孔雀飞来阿佤山》，还有哪些印象？

黄：内容记不住了。反正这个人是一个农村的，他们的一个头目和国民党有来往，我就是长辈，长辈觉得国民党不好。李亚林是解放军，进阿佤山，跟群众打成一片了，就把那个坏人给揪出来了，大概是这么

---

① 这里的“他”，是指《鹿鼎记》的主人公韦小宝。

②《龙堂》，30集电视连续剧，香港与大陆合拍，1998年出品，钱永强导演。

③《别动我的抽屉》，20集电视连续剧，北京广播学院电视剧制作中心、大连天歌传媒股份有限公司出品，2005年播出，李童导演。

一个内容。

陈：剧组有什么好玩的？

黄：没什么。因为第一次到西双版纳，西双版纳那蚊子是真厉害，到了昆明就有那么个说法，火车没有汽车快，几个蚊子做餐菜——云南十八怪，从前还记了一点，现在就记不住了。我们住的那地方，好像周总理去那儿参加过泼水节，就在那儿。刚刚盖起来的房子，总理是不是在那个地方住，就不记得了。反正说中午千万不能出去，热啊，晒得都发烫。所以我们基本上是吃完晚饭出去散散步。这是傣族地区，男同志去了都不敢下河，女同志就在那儿洗，很爱干净。裙子撩起来，慢慢裙子就到这儿了，在水里头，不知道怎么脱下来。每家首饰都是银的，都叮叮当当的，东西很多的，特别是腰上。这是很值钱的，家里头都要给闺女预备这个。

陈：咱们回到《别动我的抽屉》？

黄：那个电视剧，李亚林的孩子邀请，怎么我都得去。跟那个女演员①，叫什么来着，忘了。她是我的孙女，她叫我奶奶呢，那个戏。她一直很孝顺我。还有些人，我就记不住了。

陈：您觉得这个戏的导演怎么样？

黄：还好。反正能撑下来就可以了。

陈：《大路朝天》这个戏呢？②

黄：《大路朝天》是讲一个农村的孩子，改变农村现状，发家致富的这么一个故事。我是眼睛看不见了，但是鼻子很灵，我就想要让他到一个环境比较好的地方去。金华附近是哪儿？台州。找了那个地方，其实也不好，风景也不美，他就跟着过去了。这个孩子就在这儿做得很好，后来这个地方的一个闺女嫁给我的孙子，这么一个戏。内容就是这样。

这个戏里头，这个老太太的儿子送一个人出去，上台湾去了，儿子回来的时候，大风大浪，就死在那儿了，再没回来。走的这个人是他堂哥哥，他的老婆把他的孩子，一儿一女送到这个老太太家了。这个老

---

① 从上下文看，可能是指在《别动我的抽屉里》扮演贝蕾的演员丁玥。

②《大路朝天》，30集电视连续剧，2008年播出，李伟导演。

太太就把这男孩子养大了，这孩子很好。那个女孩子，大概是养不活她，最困难的时期，就没办法，就把那孩子给丢了，丢了到哪儿了呢，儿童福利院。后来那个孩子就姓国，国家养大的孩子。她好像是个姐姐吧，男孩子是小的，女孩子大。台湾那个人回来了，回来了找我[①]，我就说，我把你的孩子丢了，很难过的。但是他也不知道我的儿子因为他而死掉，现在才知道这事儿了，他也觉得挺后悔的。结果孙子就很恨这个人，是他把我爸爸弄死的，他就很生气啊，不搭理他。后来呢，这个房东女儿跟他好了，就帮助他一块儿来搞这个农村建设。这样子的故事。

他们的戏我都没看。我就拍我自个儿的戏，有我的戏我就去，没我的戏我不去。我现在没有这个精力去看人家、看戏了，从前还想要看看人家的戏。

陈： 剧本您会全部看吗？还是只看有您的戏的那一部分？

黄： 全部都要看的，要把它来龙去脉弄清楚，都要看。但是现在有时候不给剧本，不给我就跟导演问，我到底跟他什么关系？他到底怎么回事儿？跟我有什么过节？或者说我对不起他，或者他对不起我，都什么原因？都应该弄清楚。现在剧本总是给你台词，不发全部的。没办法，我就只能问他们，到底怎么回事儿。按照我的习惯，全部看是最好的。但是现在，全部看完以后，也许就会忘了。所以有时候看剧本，现场来了剧本，我就天天背。

其中有场戏，那个侄子来了，连续好长一段时间跟他谈，孙子也在那儿，[②]那段戏翻来覆去的。我就跟导演说，我说算了，我说你别要前后左右吧，也别分镜头了，你就把我都拍下来，你看哪段好，你就剪哪一段，该前边的，你把它剪到前面，该后面的，你剪到后面，这样来。因为那个情绪走了就忘了，这是很正常的，对不对？我就一下子说出来。进去了以后，我出不来了，一停，再来一个，完了，接不上了，所以我说，我反正把你这些东西都说上，你先别管它前后。导演同意了，那一场戏

---

① 这里的“我”，是指口述人在剧中饰演的那个老太太。

② 侄子是指电视剧中当年去台湾的陈逸行，孙子是指陈逸行的亲生子、由奶奶养大的林克难。

一下子过来了。

陈：您最近拍的电影、电视剧作品还有哪些？前面没提到的？

黄：最近，我忘了这叫什么了。（笑）叫什么来着？——不知道了，我现在真的不知道了。在江西，演什么戏来着？我都忘了。本来说是三天的戏，半天就给拍完了。这个导演我知道，他姓包。

陈：昌平呢？您去昌平是拍什么戏？记不得了？

黄：《麦田》啊！《麦田》是何平的戏。赵国和秦国打仗，已经打败了，她的丈夫是将军嘛，带兵出去了，她就盼望着她丈夫回来，结果他死在外头了。我都没几句话，现在给忘掉了。还演过一个什么呢？韩信。[2] 反正是这么回事儿：她的儿子要去见一个人，他要不去的话，那个人就会死；他要去看他，就不知道能不能回来，那时候他就给他妈妈收拾东西，让他妈妈回家。她说："你去了那里，你是不是回不来？"她儿子就说，我不去的话他就要死掉，我必须要去。"好，你这样做对，这才是我们家的人，我不走，我不走了——他是让我避难——我在这儿等你，你要不回来了，我给你收尸"，就这么一句。

---

① 指的是42集电视连续剧《大风歌》，黄健中导演，黄素影在其中扮演漂母，张光北扮演韩信。

谈北影的老同事

陈：请您谈一下您熟悉的老同事，比如田方、汪洋、赵子岳、凌元、李百万、崔嵬、凌子风、水华，点到的人，您也可以不说，我没点到的人您也可以说，有话则长，无话则短，好吗？

黄：我觉得吧，人的印象，有时候深刻，时间长了就忘了，有些地方记不住了。我没办法。我觉得汪洋这个人，是敢担责任的人，干事业的时候，全心全意的，一条心的。那个时候我们演《为了六十一个阶级弟兄》[①]，他到我们那个组去的，我们在安陆，就是发生事情的那个地方。那儿很简陋，但是那儿的人特别热情。他在那儿，跟人家说、笑，很亲啊，他很容易接近人。他不管你是什么人，不管你是领导，平辈，或者是下人，他都一视同仁。他到了乡下去，他跟人家小姑娘说："给我倒点热水好吗？"很客气的，老八路作风，这是很好的。他从来没有愁过，我觉得，他再苦的时候，他再着急的时候，他也不会发火，真是这样的。咱们有时候到了年底了，八部片子还差一部呢，着急啊，有时候领导就会发火。他不发火，他就跟谢添，跟陈方千说啊："快点想想办法，你们赶快干啊！"都是很好的人，没有什么命令，很好说话，他真是很亲切的。也许有缺点，我没看见，我觉得他挺好的。有一次他看着那个《红楼梦》以后，有一张我的剧照，他说我，这黄素影也挺好的嘛。我说是啊，谁让我们岁数大了呢？净看年轻的，不看我们，我跟他说。他都不

①《为了六十一个阶级弟兄》，北京电影制片厂1960年出品，集体编剧（谢添、陈方千执笔，根据同名新闻报道改编），谢添、陈方千导演。

在乎，不生气，真是很好的一个人。最后还是病了，我们去看他。他从来没有在大众跟前说是病了、不好受啊，没有这个。你去了，他很高兴，跟你说说笑笑，实际上他挺痛苦的，脸上老是笑着，他没有绷着个脸，愁眉苦脸，在人家面前露出一点什么不愉快，他没有。所以看着他，就觉得什么事儿都没关系，天塌不下来的，有他顶着呢。他负责任，什么都能担，这个人很好、很好的，会保护人。他就是爽快，特别的爽快。

田方和他不一样。是什么样？田方是心里头暖和——暖水瓶，我说他是暖水瓶，心里热极了，你看着冰冰凉凉，面儿上你摸着它不烫，它里头特烫。他跟人家没有什么假来事儿，也很正直。特别是他参加演剧队，那个时候他就是这样子，他是演戏，但是什么道具啊，什么装台，重活都是他的。一到地方你不见他了，他去装台去了，先去看，看完了以后就装台，就这样。他很负责任。闷声不响就干活，爬好高好高的，那大个子。对人很真诚，你看他，也不会跟你怎么亲热，但是他心里头有你。就觉得他也是暖人心。他的戏也不错的。我觉得他特别亲切，真是咱们首长的那种。对那些小的，都很仔细，谁有什么优点，他都知道，他特别关心这些事情。自然，没有端架子，他从前演戏也是这样子的。我看过他从前的片子，我就觉得挺喜欢的，那时叫硬派小生，很好的。对人特别诚恳。我们在一个队里，[①] 日本飞机从武汉过来时候，他就跑到体育馆楼顶上，有一个晒台，跑到晒台上去看。“我要打下你来！”对着这个飞机就骂。他是这样的人。后来到了延安了。他就是有这个觉悟，他是大学生，在我们那个时候，大学生少。我下放的时候，我给他提出来一件事情。我说我住在我妈妈家，全家都住那儿，我看不惯弟媳妇，我妈做人不好做，你知道吗？弟媳妇老问我，你老住在娘家啊？所以我就跟田方说，我说我下放了，你是不是想办法给我两间房子？把孩子们接出来，我不在家，他们矛盾起来，我妈更难。我就求了他这个事儿，我从前向来就是不找他，我就怕领导太忙。这一次我提出这个，他真的给我做，我大概是1月走的，4月就搬过来

① 是说抗战时期在同一个演剧队。

了，搬到小西天那儿。给了两间房。我下放回来以后，住不下啊，两间房子，我、老头、五个孩子，再加上保姆，八个人住两间房子。我们自己是一间屋子，我和我爱人。这边屋子里头，大闺女是上大学的，住学校，但她礼拜天要回来啊；两个闺女睡在一个上下铺，还有三个孩子，还有一个保姆，还要吃饭，实在太挤了。后来才又给我半间房子。再后来人家搬走了，那儿有一间半房子，我把那半间退了，三间半了。田方给我解决这个问题。我就没怎么找过他，老朋友，没办法，关系就那么好，他就想着给你，确实是全心全意地，真是这样的。

赵子岳是老好人。其实有时候装糊涂，装不知道，实际上他很清楚。他岁数在那儿，什么他都见过，经历过。他看人也行，比如说你好说话，他就老跟你，一会儿这个事儿，那个事儿。不好支使的，他也不敢去找人家，不敢支使人家。像我们这些，他就觉得都好说话。他也从来不愿意麻烦别人，这倒是真的。但是他有一次麻烦我。为什么？他说我熟悉，让我陪他去做西装，做一件那种大衣，就上王府井那儿去做。他从来不愿意麻烦别人，叫我陪着他去做大衣，他说你给我瞧瞧样子，别太土了。但是他有时候也装糊涂，也就是，有时候保护自己。像田方他还得保护自己，田方为什么后来就得了癌症了？有不平的东西，他不能说。这个不对，但是不能说，憋出来的，抑郁。赵老师，他不敢说，所以装糊涂。

凌元老师，我觉得她属于是特别低调的人。她也愿意帮助人，跑我的这个党组织关系[①] 的时候，她陪我去的，真是这样的。现在她信佛，她是居士。从前不敢，现在也不忌讳这些事儿了。她确实一辈子生活挺坎坷的，她一回忆起从前，就很难受、很难受的，也好面子。结过两次婚。所以她不愿意跟别人说。我有时候生她的气，我很坦率的。她说我："你这个衣服也穿得不好，你就不会捯饬一下自己啊？"我心想，我没这个习惯，另外我也没这个钱。她儿子是导演，闺女是总会计，工作都不错，但都不结婚，她也没办法弄。也不知道她什么想法，她从来不跟我们说心里的东西，她跟我们这么好，从来都没有说过。比方说，我要是

① 指的是，20世纪80年代帮助黄素影解决党组织关系问题。

有事儿，我说我今天有事儿，今天有人采访我，我就告诉她。她从来不说，接待了谁，她也不说；谁来采访她，她也不说；有些什么活动要参加，她也不说。她心里头，我觉得她挺苦的，你想想看，孩子，两个都不结婚，她着急——从前着急，现在不着急了，没办法了。她女儿有心脏病，小时候动过手术。说起来，她有好多很痛苦的事情，我们跟她同事这么多年，她都不说的。所以你想吧，她都忍受在自己心里头，这个也够难受的。所以我从来也不提，你怎么就不告诉我们呢？你去干什么，干吗不给我们说呢？我这人比较直的嘛，我从来没跟她说过这种话。有时候偶尔打电话，问她你干吗去了？她就说我出去买东西了。就完了，再也不说了。也许我觉得她挺苦，她觉得她不苦，过去的事情，她就是尽量地不想，你要一提，肯定就提出来了，因为回忆嘛。

史东山，他心里头憋不了东西，憋了就难受，最后他就死得很惨。

陈： 史东山您也很熟？

黄： 拍过那个戏，是他拍的，给他跑过好多群众呢。《民主青年进行曲》，对了，这个我还给他出过群众[①]。在西单那个咖啡店，那时候是咖啡店，可是我们吃的是假咖啡，臭味熏天，不能吃，只能装着吃。他们搅和的，弄了一个白东西，像那个冰激凌，其实不是，还有臭味，道具车间找的，乱七八糟弄下来的，不好闻，臭极了。从前吃的东西全都是假的，木头做的鸡什么的，那时候反正都是挺省的，不像现在，都得做真的。

陈： 北影厂导演当中，您印象比较深的是谁？

黄： 我觉得都挺好的。崔嵬是直爽的，山东汉子，那脾气，哇！哇！哇！（大笑）

凌子风，跟演员那简直调皮极了，他是画家，屋里头摆日本东西，我最讨厌日本东西，他就最喜欢。他跟谁都挺亲的，原来他住在我们家那块，有时候他高兴，到吃饭的时候他跑来了，就顺便吃点饭。他对人都是这样子的，都很亲，没什么不愉快的，我觉得他真是这样的，是个大顽童。

---

① 此处记忆有误，《民主青年进行曲》不是史东山的作品，导演是王逸，北京电影制片厂，1950年出品。

水华导演就是蔫，蔫极了，他的动作也慢，一部戏能考虑两三年。他倒是也用过我几次。一个是《烈火中永生》，我是演里头的农民。他拍戏的时候就这个好处，这个人很少发火，跟你说话都是笑着，要求什么都是细声细气的，全是一个知识分子的规章。凌子风是大吵大闹，崔嵬也是大吵大闹，他最闷。

成荫也是属于那种，不是很爱大笑，但是也挺高兴的，不是很闷的人。他有时候还开个玩笑，很幽默的。还有什么呢。

陈：其他还有哪些人，您愿意说道说道？

黄：我觉得，跟剧团的人走得近一点。张丰毅吧，就觉得从小看大的，所以对他也挺喜欢的。他电影学院没毕业就拍那个《骆驼祥子》，我们不是也跑群众吗？认识了。这孩子确实还挺正直的，跟他同学的关系都很好，他特关心那些人。周杰那时候病了，那时候工资大概也少，张丰毅有时候给他找点戏演，很关心他的。

现在我跟这些孩子们都挺好的。我见到大家，在各种场合，有时候看到了也打个招呼，有的人就不这样的。周迅，我给她发奖的时候她对我挺好的。到底她是有点天资吧，天分很好，演戏，其他的我没接触过。

陈：张平老师、陈强老师，您熟吗？

黄：张平这个人，戏演得不错，很投入。他就是忠于角色，为人也还是直率。反正他一喝了酒，什么都说，这儿不对，那儿不对，谁不好，都不在乎，天不怕、地不怕。特别是有些人当右派以后，对他们同情，是这样子一个人。他敢说话，有些真实的东西，他敢于说出来，对我们也还可以。很敬业的一个人。

陈强是个好人。这个人也是有点胆小，不敢说出真话来。除非是很熟的人，他（才）敢说；一般的他不会，他不擅长。有时候很会开玩笑的，很幽默，也很容易接近，他到现在也没有架子。他那次生日，把我们叫了去吃饭。他也不会炫耀自己，他请你，不是炫耀他，他没有这个意思，他就是觉得这些老朋友，见一面少一面，见了面他也不会跟你聊什么，就瞎乐，高兴。

陈：您觉得哪些人比较了解您？

黄：了解我的人，吴素琴、葛存壮，我们那个小组十几个人。

陈：您说的是哪个小组？

黄：我们吃饭的那个小组。吴素琴、葛存壮、凌元、安琦、石美芬、毕鉴昌、王云霞、白铭、孙凤琴、邱丽莉、肖朗，还有葛存壮的老婆[①]，十三个人。原来我们按家来算的，现在是按人来算的，每个人都要请一次，他们两个人提出来，他们两个人算两次。

---

① 即北京电影制片厂文学编辑施文心。

谈家人：丈夫和孩子

陈：请您谈谈自己家里的情况，您对孙老师的评价。

黄：他呀，他最大的优点，就是对这个家特别关心。我去拍戏的时候，都是他受罪，他管着这个家。平常的时候，我天天上班，都是他管家。他的缺点，我们那时候很困难，要靠借贷过日子，这点钱哪够？给他点零花钱，他就去买花生，带回来，对孩子们说："赶快吃！你妈回来之前都得吃光！要不然你妈要说的！你妈回来，谁都不许说！"我就说，你这人怎么这样啊？你让孩子说瞎话啊？你教什么教啊？他就是这样一个人，顾家，反正家里事儿都管。他爱喝啤酒，自己一个人到酒馆，一瓶酒，来个花生米，有时候花生米都不要，就是一瓶酒咕咚、咕咚喝了。他在外面喝。后来我说，谁也没限制你，你干吗就在外面喝？不如你买回家。后来就一箱一箱地买回家。

陈：您觉得孙老师是一个好丈夫吗？

黄：好丈夫。

陈：是一个好父亲吗？

黄：是个好父亲。可就是这点——把孩子教得会说瞎话了。

陈：这个不算，这个不算说瞎话，因为这个都能理解的。下面请您说说您的孩子。您对孩子们的现状满意吗？他们跟您亲近吗？经常来吗？

黄：他们来，都来，大伙儿一块儿见面。我就心里想着，等我走了以后，你们大概就不是这样子了。但是我走的时候，我一定要告诉你们，你们照样来这里，不多日子来一次大聚会，挺好。大女儿心地很善良的，也是没有仇人的，但是她心脏病比我厉害，69 岁了，女婿是一个工人家庭出身，这个人挺直爽的，也挺能够体谅人的。趁着现在我们还能够聚啊，就来聚聚。下一次什么时候？儿子说，到那时候再说吧。这次是端午节聚的，又快了。

陈：全家聚齐一共有多少人？

黄：多少人？我看——这儿两个，四个，老大家两个，老二家三个，她带她女婿和女儿，老三家是三个，现在来只能来两个，她夫妇两个，她闺女现在在上海工作。十一个人。那个要来的话十二个。现在基本上能在北京的，只有大女儿的孩子。我的孙子、孙媳妇，还有一个外孙女，一个外孙子，四个人在国外。

陈：您对自己的婚姻和家庭生活有什么样的总结？

黄：好像家里头还比较和美吧，但是也有很多曲折。[①] 我这个人就是这样的，在家里头我绝不会摆婆婆架子。不像从前，百年的媳妇熬成婆，是不是？媳妇就得是个什么样子，婆婆就得是个什么样子，我没那婆婆样子，也没这婆婆要求。只要是我自己能动的，我绝不求人家，我能做什么就做什么。有的时候他们要给我洗衣服，要给我洗澡，我有时候不让他们洗，我自个儿洗。我可以的，干吗非得让人家洗？不过我自个儿洗不一定能洗干净，给我搓澡是很舒服的。但是我有时候还是躲着她，我自个儿洗，自力更生，就觉得尽量地不要麻烦别人，能给人留下点好的，就留下点好的。

---

① 老人家所说的“曲折”，涉及家庭隐私，故未编入。

演艺生涯和人生小结

陈：请您对将近七十年的演艺生涯，做一个回顾和总结。[①]

黄：其实我不会总结。我要总结的话，一定会去总结好多东西的。概括起来说，我觉得作为演员来说的话，也不是一个很简单的事情。不是说你能够演演戏就可以了，时代的情况不一样，首先得有知识，还要和别人不一样。我觉得我自己不是很会吸取知识的，这方面不是很好的。但是我有这个心，尽我自己的努力去理解这些角色。

另外就是说，一定要敬业，别老想着钱的事儿。我看重的首先是故事，是戏。现在的精力不够，所以要戏少一点我才能接。我的经验是，不管什么角色，都可以演。只要有戏演，哪怕没有词，但是有戏，可以演出来的，那种戏就可以接。因为你在镜头面前晃悠的时候，就可以给人留下印象，人家可以看出你的能力。对角色有所理解，人家就放心让你演，人家就能找你。我就是这样。

开始的时候，我们这儿没几个电影演员，就是三厂留下的人，[②] 人家有的演员可以看到作品，它有出品嘛。我们那些人都没有。要露脸了，人家一看这个人还行，试试吧，一个试，两个试，三个试，就总有戏找你了。所以我就劝过别人，不要老去挑，非要主演不可，那不好，路子越来越窄。有些人很有才华的，莽一萍，这真是很好的演员，死掉了，

---

① 演艺生涯总结是在前面的采访中说的，编纂时调整至此。

② 这句话的意思是，北京电影制片厂早期，只有解放前中电三厂留下来的几个演员是观众熟悉的。

她得癌。为什么？不得志。她长了个外面脸[1]，她大概有点蒙古族的血统。那个时候工农兵就得要有个工农兵样、味道，她就是小资产阶级味道浓厚了点，另外她个儿又高，配演员不好配，没法演。所以她就抑郁。其实她可以演。一般来说，特别是电影学院毕业的这些人，你要多露脸，才会有人看上你。要找到伯乐，你得让他看见你才行。

我之所以能够接戏多呢，就是镜头里出现得多，慢慢、慢慢地就让大家熟悉了。我一直是小角色，从来都是小角色。不要小看小角色，小角色一样能够把你自己锻炼起来，让你长进，让你能够很快地接近人物，很快地能够把这个人物演出来。现在的演员眼高手低，老想让自个儿成为不得了的人，结果什么也没有，就浪费了。国家培养一个人不容易。我记得小时候，我们中学的时候，一年至少要花国家两千块钱，那是教育局局长跟我们说的。现在更不得了了，是不是？培养你这么不容易，你不能够耽误了。要以事业为重，你不是玩票的，你是在工作，这是你的事业，你要兢兢业业地搞，不要好高骛远。你就是小角色，小角色能够培养你自己，你从这些里头得到经验，慢慢提高，才能成功。就像我现在，我都不敢说我很能够抓住人，至少我觉得我能够真心地把这个人物的感情表演出来。也许我并不能准确地掌握，但是我就觉得她的感情是真实的，所以人们也相信它是真实的，有的时候可以多一点丑，要真的感情才能够感动人。所以我觉得年轻人，现在这个舞台搭得很高的，只要你努力，你就会得到你的收获，就会得到成功。

陈：您演了 70 年戏，包括话剧和电影，要您说自己最喜欢的 5 部到 10 部戏，或者是 5 个角色到 10 个角色，您会怎么说？

黄：我觉得很难说。要挑出来，真是很满意的，也很少。最好的也会有漏洞，也会觉得有不满意的地方。电影就是这样，电影是遗憾的艺术，是吧？必然的。也许一下子，在拍的过程当中情绪很好，一下子就来点彩，这是很好的。但是有的时候没发挥出来，就不行，也是很可能的。有时候还出来点错呢，就觉得自个儿不应该这样做，应该那样做更

---

① 外面脸，即“洋气”的意思，长得洋气，不像工农兵，所以演戏的机会就比较少。

好一点。不要紧的，你多演，多演了以后毛病就会少一点，是不是？也许有一点毛病也不碍事了。

陈：这么多年的表演生涯，有遗憾吗？

黄：遗憾，好多好多，我现在记不清楚了。可能把从前那些戏再看一遍的话，也许还有很多毛病呢，真的。我不是说了嘛，我说我不紧张，不紧张不是挺好的？但是有时候，我的头是这样的，肩膀（作僵硬状态）[①]，这像什么玩意儿？这像什么东西？你看着就不好看了，是吧。

陈：我最欣赏的是您在《卧虎藏龙》中上楼梯的那一段，真是炉火纯青。对小姐那种感情，全都在里面。

黄：这是我和摄影师两个人配合得非常好的结果，他特疼我，他不让我跑。[②]我说不行，你是觉得这个跑法累，但我不知道你速度怎么行，我们俩配合不好的话，就不行啊，我一定要配合你。你的动作和我的动作一块儿来更好，不是吗？所以我觉得，也不是我一个人的事儿。当时情绪确实高兴得不得了，由衷地高兴，小姐的心上人来了。我后来看他一眼，这么看——我出去，完了以后还再看他一眼，我觉得真是这样的情感自然地流露。是吧？

陈：你表演当中，大的遗憾有吗？

黄：太大的遗憾还没有。刚刚开始的时候是有些困难，觉得这么做也不知道合适不合适，你这样做也不合适，那样做也不合适；这样对不对，这样好不好？老是在犹豫当中。现在就是不想犹豫，不管她怎么样，我一直跟着这个人物走就得了，管它合适不合适。

陈：您用简短的几句话，对您的九十年人生，做一个总结。

黄：自己总结？怎么说呢，我这个人，到现在没有一个敌人。我把人家都当成我的朋友，我跟别人没有一个记仇的。我觉得这样活着比较好。我觉得我自己挺敬业的，到现在我也是很敬业。我这个出身，你说我背叛我自己的阶级，可以这么说，对不对？至少没有那个中产阶级的那些，要享受一点什么，这些没有。人家怎么过我不管，我自己过，就

---

① 现场表演不知不觉的紧张状态，肩膀僵硬，不自然的样子。

② 是说在排练的时候，摄影师不让老人家亲自跑，让别人代替她跑。前面曾说及此事。

吃得好，舒服点就可以了。钱不要多。到老了是要准备点钱，为什么？现在那个护工太贵了，八十块钱一天，一个月就得两千多，你的工资不够啊，对不对？所以要省点钱，为将来预备够，这也是属于我自己不愿意麻烦别人的地方。自己要管自己，把自己管好。我管得很好，我觉得。

陈：是，您管得好。访谈就到这里。谢谢黄老师！

采访手记

黄素影是表演艺术家，不过她是“老来红”。在北影厂工作了几十年，参加了数十部影片的拍摄，虽然表演功力深厚，成就斐然，但大多为绿叶，很少被媒体聚焦。直到在电影《世界上最疼我的那个人去了》中的卓越表演，让人过目难忘，才成灿烂红花，始被万众瞩目。如今年过九旬，仍片约不断。在我预访之后，她还到一个江西的摄制组拍戏，完成拍摄工作后，才开始接受我们的正式采访。

联络黄素影老师，得到了我的年轻同事彭琨的帮忙，她通过在北影厂工作的母亲协助联络。黄老师心地善良，富有教养，聪慧温厚，人生态度豁达，性格爽朗率真，心理健康明亮。老人家待人，如邻家老祖母，无论是单独预访，还是正式采访，我们始终如沐春风。

从一开始，老人家就反复声明，由于年纪大了，记忆力有些衰退，有些事情记得，而有些事情记不真，甚至完全记不得了。我理解，对于一个年逾九十的前辈来说，这是自然现象。所以我对她说，记得多少说多少，不记得的就说不记得，记得不真的就说记不真，顺其自然就好。因为老人年纪大，老伴又在病中，黄老师能够接受我们的采访，已让我们感激不尽。实在不忍心得寸进尺，让老人做太多的“功课”。所以，对黄老师的采访，是纯粹的现场采访。

采访的结果，有些出乎意料。老人家虽然再三说自己的记忆力严重衰退，但从实际的采访看，她对许多往事的记忆还是清晰的，有些记忆非常深刻，一些往事细节都一清二楚，甚至栩栩如生。当然，也有些事情她真的记不起来了，例如她参演的某些影片，拍摄经过不记得，内容和主题不记得，甚至自己是不是拍过那部片子也不记得了。这也难怪，黄老师从不挑选角色，基本上是组织上分配，要她演什么，她就演什么，哪怕是没有几场戏，甚至没有几句台词的“大群众”角色，她也欣然去演，因为演得太多，对演出经历当然就很难全都有记忆。

黄老师是一个演员，演戏是她的职业，也是她毕生钟爱的事业，经过七十年的表演实践训练，黄老师的表演技艺早已炉火纯青，演什么角色几乎都能做到不着痕迹。我采访过一些演员，知道演员的表演几乎成了本能，所以在采访黄老师前，我也有点担心，她会不会将口述历史采访变成一场表演？事实证明，我的担心纯粹多余，黄老师活得低调，更活得率真，在接受采访时，她在讲述真实的自我。从始至终，她的态度、言语和表情，都非常真挚而且坦诚。

对黄老师的正式采访，开始时间为 2009 年 4 月 21 日，频率为每周 2 次（周二、周四），每次采访时间为 2 小时（下午 3 点至 5 点左右）。虽然每次采访结束时老人家都意犹未尽，且身体状况看上去还能继续说，但我们不敢过分冒险增加采访长度。在采访过程中，老人家曾因接戏而临时取消采访。对黄老师的采访于 6 月 9 日下午结束，最后一次采访延续了 3 个多小时。

此次采访的摄像、录音均由在读研究生王家祥担任，他很好地完成了任务。

编后记

这本书终于要与读者见面了。有一些问题，要作交代。

首先是，这本书为什么这么单薄？原因很简单，这本《沧桑剪影》已经不是七年前的那个《沧桑剪影》了。七年前的原稿，包括三个部分，即《黄素影访谈录》《李露玲访谈录》，以及一份有关巴鸿的历史文献。由于种种原因，《沧桑剪影》不能按原样出版，有关巴鸿的历史文献未能与读者见面，余下部分一分为二。

原先，把黄素影访谈录、李露玲访谈录和巴鸿的历史文献放在一起，是一种编法。简单说，就是其中不同的访谈录会有不同的侧重点，意在相互衬托，相互比较，进而相互诠释。而今证明文献取消，访谈录各自独立，那应该是另一种编法，即让每一个口述历史陈述都能够独立而丰满，问题是，出版时间紧迫，已经没有时间让口述历史编辑抄本制作推出独立新版本。

口述历史采访和编纂，向来面临几种不同选择。一是对重要历史人物和社会名人作采访，并编纂传播；另一种选择则正好相反，专门采访历史边缘人物和社会中“沉默的大多数”，让沉默者借口述历史发出自己的声音。“中国电影人口述历史”项目的选择是兼收并蓄：既采访要人和名人，也采访普通的边缘人物和籍籍无名者。制作编辑抄本时，当然也会兼顾不同维度和层级的声音。

黄素影的重要性和知名度，固然不能与“北影”老厂长汪洋、田方及四大帅、四大师相比，因为她没有“代表作”，出演的大部分角色都在配角与龙套之间。但她并非籍籍无名，久而久之，她成了“北影”演员剧团中最著名的绿叶，是出演电影最多的“北影”演员之一。她的演艺经历，是新中国电影史的重要组成部分。

此外，她还是积极参加抗战演剧队的热血青年，也是在抗战初期就加入共产党的革命者，她的经历也是中国抗战史、中国革命史的一部分。黄素影老人不仅“有故事”，且愿意与我们分享她的故事。老人的记忆力没有期待的那么好，但却富有人生经验与智慧，且为人豁达坦荡，能做到知无不言，言无不尽。老人家活到98岁高龄，经历了近一个世纪的沧桑，是货真价实的人瑞。

通常情况下，无论口述人是否有专门要求，口述历史编辑抄本都要经过口述人过目后才能公开发表。但黄素影老人的这部书稿却没有经过受访人亲自审订。原因很简单，编纂书稿时黄素影老人已是97岁高龄，且身体欠佳，多次打电话到她家都无人接听。不得不放弃让老人审稿的打算，好在，老人曾给中国电影资料馆签署授权书，我们可以照章编纂。

未经本人审订的文稿，难免会有遗憾，例如，有些人名、地名、细节无法认定或进一步考证；内容的删减无法与口述人商量，信息的补充更无法可施。

另一面，这样做也有一个好处，是可以按照口述历史的“口述性”即其口语特征进行编纂。

口述历史访谈录，按口语特征编纂，说起来天经地义，做起来困难重重。原因是，有些受访人不习惯、不喜欢口语原始模样，总想让自己的讲述更加整齐漂亮，更加书面化，甚至更加“文艺”，易将编纂抄本改得面目全非。

或许有人认为这不成问题，“是那个意思就行”，我们认为，这样做实际上有问题。书面语更重视规范性和社会性，口语更偏向于个人表达习惯，更具言语活力和个体特性。在口述中，每一次重复或停顿，都有不同意味。

口述性与可读性的关系，正是口述历史编纂者要面对的学术难题。有实验证明，从口述历史录音原始抄本到编纂抄本，由多少人来编，就会有多少种不同文本形式。我本人曾经编纂过一部书稿，口述人将编纂抄本形态在修订时改得面目全非，几乎是重写了，多次协商的结果，也只能得到一份“半文半白”稿。

这本书稿未经口述人审订，编纂者可以自行其是，结果是不是比“半文半白”稿好些？这需比较鉴别，并且分析研究。